DROIT ROMAIN

Des dissidences des Écoles Sabiniennes et Proculiennes

DROIT FRANÇAIS

De la revendication en matière civile et commerciale

THÈSE POUR LE DOCTORAT

PAR

FRANTZ LOÜAULT

PARIS
IMPRIMERIE ET LIBRAIRIE JULES BOYER ET Cie
131, RUE MONTMARTRE, 131

—

1875

FACULTÉ DE DROIT DE CAEN

DROIT ROMAIN

DES DISSIDENCES DES ÉCOLES SABINIENNES ET PROCULIENNES

DROIT FRANÇAIS

De la revendication en matière civile et commerciale

THÈSE POUR LE DOCTORAT

SOUTENUE

Le jeudi 20 février 1875, à 3h du soir

PAR

Frantz LOÜAULT

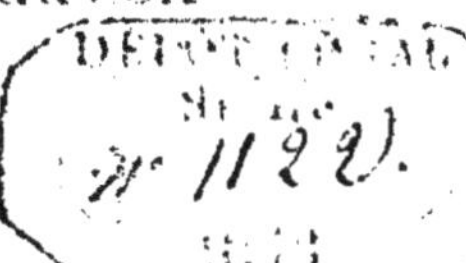

PARIS

IMPRIMERIE ET LIBRAIRIE JULES BOYER ET Cie

131, RUE MONTMARTRE, 131.

1875

A MON PÈRE

SUFFRAGANTS :

MM.	FEUGUEROLLES,	*Professeur.*
	BAYEUX,	*Id.*
	CAUVET,	*Id., Président.*
	LAISNÉ-DESHAYES,	*Agrégé.*
	GUILLOUARD,	*Id.*

PREMIÈRE PARTIE

DROIT ROMAIN

DES DISSIDENCES DES ÉCOLES SABINIENNES ET PROCULIENNES

PREMIÈRE PARTIE

DROIT ROMAIN

DES DISSIDENCES DES ÉCOLES SABINIENNES ET PROCULIENNES

INTRODUCTION

On sait quelle fut l'influence des jurisconsultes sur le développement du droit romain. Par leurs consultations et leurs sentences, ils contribuèrent, autant que les préteurs par leurs écrits, à fonder une législation progressive, s'adaptant aux mœurs et aux besoins de chaque époque et se transformant, selon les exigences de la société qu'elle était appelée à régir. Interprètes scrupuleux de la loi, observateurs attentifs du texte, ils surent, par des expédients habiles et des fictions heureuses, concilier la fidélité aux principes avec l'utilité pratique et l'équité. Le caractère saillant de leur génie consiste dans une puissance d'intuition remarquable, jointe à la rectitude et à la pénétration du jugement. Et cependant, il est bon de faire remarquer que ce ne sont point des théoriciens, et que rarement ils se préoccupent d'exposer des principes généraux : c'est toujours sur des espèces particulières qu'ils raisonnent et néanmoins, malgré la variété innombrable de leurs décisions, des règles générales en découlent avec une admirable concordance.

Mais de cet accord dans les principes, il ne s'ensuit pas toutefois que leur application aux faits litigieux et aux espèces prévues ne soit pas très diverse. Ils n'apportèrent, en effet, dans leurs recherches, ni le même procédé, ni le même raisonnement, ni la même déduction ; leur esprit fut plus ou moins rigoureux et plus ou moins flexible. Il n'y a donc pas lieu de s'étonner, qu'à l'époque où la jurisprudence romaine brillait de son plus bel éclat, on rencontre deux sectes opposées et deux écoles rivales qui, sur de nombreuses questions de droit privé, adoptèrent des solutions différentes, et soutinrent des opinions diverses. Ils élevèrent, par leur talent, la science du droit à une hauteur incomparable et laissèrent dans l'histoire des traces lumineuses que le temps n'a pas encore effacées.

Dans son commentaire sur les Institutes, M. Ducaurroy s'exprime ainsi : « Les anciens juris-
» consultes qui ont écrit sur les lois et sur les
» autres sources de la législation romaine, ont

» joui dans le Bas-Empire et même auparavant
» d'une autorité qui a fait prévaloir leurs inter-
» prétations sur les textes primitifs; si l'on s'en
» référait encore aux édits prétoriens, aux séna-
» tus-consultes, aux plébiscites, aux lois et sur-
» tout à la loi des XII Tables, ce n'était qu'indi-
» rectement, d'après ce qu'en avaient dit Gaius,
» Papinien, Paul et Ulpien. Dans la réalité on
» ne citait que les interprètes et les constitutions
» des princes. Telles étaient à Constantinople et
» dès le règne de Constantin les seules bases sur
» lesquelles reposait l'administration de la Jus-
» tice : ce fut à ces deux sources que puisèrent
» ceux qui voulurent réformer la législation, no-
» tamment Théodose-le-Jeune et, après lui,
» Justinien (1). »

Ces deux écoles sont appelées, l'une sabinienne ou cassienne, du nom de Sabinus, qui vécut sous Vespasien, et de Cassius, qui vécut sous Caius Caligula; l'autre proculienne ou pégasienne, du nom de Proculus, contemporain de Claude, et de Pégasus, contemporain de Vespasien. Elles ont pris naissance sous le règne d'Auguste, d'une part, dans la personne d'Attéius Capito, d'autre part, dans la personne d'Antistius Labeo. Mais ces fondateurs n'eurent pas l'honneur d'y attacher leurs noms. Elles se sont perpétuées avec un vif éclat pendant plus d'un

(1) Instit. Tom. I N° 31.

siècle et demi, jusqu'à Adrien et Marc-Aurèle. C'est sous le règne de ce dernier prince que brille Gaius, un des plus éminents disciples de l'école sabinienne, et l'un des derniers. Même, sur une observation d'Ulpien consignée dans ses fragments (2), nous serions autorisés à conclure que la division de ces deux écoles de jurisconsultes n'était pas entièrement disparue sous le règne d'Antonin Caracalla. A partir de cette époque, nous n'en trouvons aucune trace dans l'histoire. Aucune raison n'est à donner qui puisse être considérée comme la cause de la fin de cette rivalité des deux Écoles. C'est à tort que Cujas supposait qu'elle fut due à la rédaction de l'Édit perpétuel. Cette opinion n'est plus, en effet, soutenable, depuis la découverte des Institutes de Gaius, qui s'affirme comme étant lui-même un jurisconsulte de l'Ecole sabinienne (*nostri præceptores*). Il n'est pas plus exact de prétendre que c'est l'opposition des deux Écoles qui aurait déterminé la formation du *corpus juris* et la publication des 50 décisions de Justinien : les auteurs ont fait justice de cette opinion.

L'origine et la création des deux écoles ont donné lieu à de savantes discussions et à d'ingénieuses recherches On s'est demandé à quelles causes il convenait de rattacher ce grand mouvement scientifique, et on s'est ingénié à l'attri-

(2) *Ulpiani fragmenta* Tom. XI § 12,

buer aux circonstances particulières au milieu desquelles il s'est produit, aux opinions diverses qui, en matière politique, se partageaient les esprits et jusqu'au caractère personnel des fondateurs des deux Écoles. Aussi a-t-on été jusqu'à soutenir qu'il fallait voir dans l'école Proculienne, une protestation contre le gouvernement impérial auquel Labéon, son chef, était hostile. De là, comme conséquences, la tendance marquée des Proculiens aux innovations juridiques et la sorte de hardiesse qui signale leurs décisions. Les Sabiniens, au contraire, conservateurs par excellence et attachés aux anciennes institutions du droit, adoptèrent plus volontiers, à l'exemple de Capiton, leur chef, le régime monarchique substitué par Auguste à la forme républicaine.

Mais ce raisonnement nous semble pécher par sa base, et il nous sera facile de montrer qu'il est évidemment contradictoire. Si les Proculiens qu'on nous représente comme regrettant les institutions républicaines, étaient réellement restés attachés à l'ancien régime, loin d'entrer dans la voie des innovations, il est naturel de penser qu'ils se seraient efforcés de maintenir intactes les lois et les formules du passé. Or c'est, au contraire, à cette œuvre que se sont consacrés les disciples de l'école Sabinienne, qui sont représentés comme les partisans du gouvernement impérial et les adversaires du régime déchu. Cette bizarre interversion des rôles nous paraît concluante, malgré tous les essais de justification qu'on a tentés pour soutenir l'opinion que nous venons d'énoncer. On a dit, en effet, que le système monarchique, essentiellement conservateur par nature, convenait mieux aux esprits observateurs des règles établies et était plus en harmonie avec le respect du passé; qu'au contraire le système républicain, plus flexible et d'une forme moins stricte, ouvrait une voie plus large aux innovations et convenait mieux aux hommes tourmentés du désir de faire progresser la science du droit. Il s'ensuit que les Sabiniens auraient été les partisans de César Auguste; tandis que les Proculiens seraient restés fidèles au régime vaincu. C'est à cette opposition dans leurs idées politiques qu'il faudrait, selon l'opinion que nous combattons, attribuer les dissidences nombreuses que l'on remarque dans leurs décisions.

Le fondement de cette explication nous échappe, et nous ne voyons pas comment on peut la justifier ; car elle ne s'appuie sur aucun texte, et aucun fait historique ne vient la corroborer. Si on parcourt les diverses matières, où se fait sentir le désaccord des jurisconsultes des deux écoles, on saisira difficilement le rapport qu'on veut établir entre les questions qui font l'objet de leurs traités, et un intérêt politique quelconque. En vain chercherait-on dans les consultations des Prudents quelque chose qui ressemble à une profession de foi ou la trace d'une division politique, à proprement parler. Dans la société romaine, l'opposition n'affectait pas les formes qu'elle présente habituellement de nos jours, et ce n'était pas à coups de plume et d'arguments que les partis combattaient, ce n'était pas sur ce terrain-là que la discussion était placée ; la lutte était circonscrite et restreinte à l'étude du droit pur, à laquelle les jurisconsultes se livraient, sans qu'il s'y mêlât, et cela à leur louange, aucun intérêt privé ni aucune préoccupation étrangère. *Meritò jus sacerdotium appellatur.*

Il est à observer, du reste, que les disciples furent loin de suivre toujours les errements de leurs maîtres : Nerva, par exemple, le successeur de Labéon, qui fut l'ami de Tibère, et se donna la mort, désespérant de l'arracher à ses vices. Les Sabiniens eux-mêmes n'ont pas été sans faire faire à la science du droit des progrès certains, quoique dans une proportion évidemment moindre. On peut, à l'appui de cette observation, citer la proposition de Sabinus, qui trouvait équitable d'exonérer l'*hæres suus et necessarius* de la *nota* qui frappait le débiteur insolvable (1). Remarquons enfin qu'aucun texte ne nous autorise à penser qu'il y eût une hostilité déclarée entre les deux écoles, et qu'un sentiment d'envie les divisât. Nous pouvons justifier ce dire en remarquant que sur le point de savoir si l'usufruit

(1) Gaius II. § 154.

d'une créance peut être légué, Nerva se prononce pour la négative, Cassius et Proculus pour l'affirmative. *L.* 3, *D. De usuf. earum rerum.* Et de plus, en matière de vente, quand il s'agit de savoir si la fixation, par un tiers, du prix, n'altère point l'essence du contrat, nous verrons Labéon et Cassius s'unir dans une même opinion.

A nos yeux, la raison de ce dualisme est dans le tempérament ordinaire et les dispositions naturelles de l'esprit humain. Chez tous les peuples et dans tous les temps, on rencontre deux courants contraires, deux tendances opposées qui se manifestent en toutes matières : d'un côté, le respect du passé et l'attachement aux institutions anciennes; de l'autre, le besoin d'innover.

L'avénement de la monarchie fit cesser les grandes discussions politiques, restreignit le champ des luttes oratoires, renferma les rhéteurs, les orateurs et les philosophes dans le cercle étroit des théories spéculatives et des intérêts privés. La science devint le refuge des âmes honnêtes, qui ne voulurent point transiger avec le devoir et leur conscience, et qui lui demandèrent l'oubli et la paix : *jucunda oblivia vitæ.*

LISTE DES PRINCIPAUX MAITRES

DES

DEUX ÉCOLES, D'APRÈS CONTIUS I. SUCC. 12

SABINIENS, CASSIENS. — PROCULIENS, PÉGASIENS.

Sous AUGUSTE.

ATTEIUS CAPITO, disciple d'OFILIUS.	ANTISTIUS LABEO, disciple de TRÉBATIUS.

Sous TIBÈRE.

MASSURIUS SABINUS.	NERVA le père.

Sous CAIUS-CALIGULA, CLAUDE et NÉRON.

CASSIUS LONGINUS, qui donna son nom aux CASSIENS.	PROCULUS qui donna son nom aux PROCULIENS.

Sous VESPASIEN.

CŒLIUS SABINUS, qui donna son nom au SABINIENS.	NERVA le fils et PÉGASIUS, qui donna son nom aux PÉGASIENS.

Sous TRAJAN, ADRIEN, ANTONIN le Pieux.

PRISCUS JAVOLENUS. ALBURNUS VALENS. TUSCIANUS. SAL. JULIANUS.	CELSE le père. CELSE le fils. PRISCUS NÉRATIUS.

DISSIDENCE RELATIVE A LA PUBERTÉ.

La fixation légale de la puberté est intéressante à différents points de vue : sous le rapport du mariage, de la tutelle, de la capacité de tester, de l'adrogation.

Quant aux femmes, par cela seul qu'elles avaient accompli leur douzième année, elles étaient considérées comme nubiles.

Quant aux hommes, depuis Servius Tullius, ils revêtaient la robe virile après leur dix-septième année (1). Cette cérémonie ayant cessé sous l'empire, on rechercha à quelle condition un homme serait reconnu pubère : d'après les Sabiniens, il fallait se référer au développement corporel, *puberem esse, dicunt, qui habitu corporis pubes apparet, id est qui generare possit.* Les proculiens déterminaient la puberté par l'âge de quatorze ans, *cum qui quatuordecim annos explevit.* Priscus exigeait le concours des deux conditions, *et habitus corporis et numerus annorum.* (2).

L'opinion des Proculiens a prévalu, et il était juste qu'elle dût prévaloir, car elle avait cet avantage incomparable de garantir contre toute action en nullité, les actes pour la faction des-

(1) Aulu Gelle, Nuits Attiques X 28. L. 1 p. 3. D. lib. 3. Tit. 1.
(2) *Ulpiani fragmenta* XI p. 28.

quels la puberté était un élément essentiel : elle interdisait toute recherche captieuse ou difficile, et ne laissait pas en suspens des questions d'ordre public, comme l'état des époux, la légitimité des enfants, la durée de la tutelle, la validité des testaments, la régularité d'une adrogation; car ce ne fut que sous Antonin le Pieux que l'adrogation d'un impubère fut permise (1). Du reste, les Sabiniens ont adopté la doctrine des Proculiens, au moins pour déterminer la capacité de tester, ainsi que nous le voyons au commentaire II, de Gaius, § 113.

DISSIDENCE RELATIVE A LA SPÉCIFICATION.

La spécification est la confection d'une chose nouvelle. Il en est question au Commentaire II, § 79, de Gaius, et au § 25 du livre II, tit. 1er des Institutes de Justinien. Or, il s'agissait de rechercher si le fait d'avoir, avec la laine, le marbre, l'or, le bois d'autrui, fabriqué un vêtement, une statue, un vase, un navire, devait être, pour le fabricant, une cause d'acquisition de l'objet, et pour le propriétaire de la matière employée, une cause de perte, de cessation de propriété sur ladite matière ? On peut rattacher cette question à la controverse célèbre en philo-

(1) *Ulpiani fragmenta* VIII p. 5.

sophie sur la prééminence de la forme ou de la substance. On rencontre les traces de cette controverse dans les décisions différentes des deux Écoles, et l'influence qu'elle exerça sur les jurisconsultes romains est manifeste. Quelle est l'essence des choses? Est-ce le *quod substat*, c'est-à-dire, la substance, qui se perpétue immuable, identique dans tous les objets qui frappent nos sens, et indépendamment des changements variés ou des transformations dont ils sont susceptibles? Est-ce à ce principe primordial et absolu qu'il faut s'attacher pour résoudre la question de propriété qui nous occupe, *quia sine materiâ nulla species effici possit?* C'est ainsi que pensaient les Sabiniens. Doit-on, au contraire, attribuer à la forme une importance capitale et prépondérante, en se fondant sur ce que la forme est la condition *sine quâ non*, nécessaire et indispensable pour nos sens de la perception des choses, et, pour notre intelligence, du sentiment de leur existence et de leur individualité? *Forma dat esse rei*, la forme donne aux choses l'être, l'existence propre et individuelle; sans une forme quelle qu'elle soit, la substance est insaisissable et imperceptible. C'est donc l'auteur de la forme qui est le créateur même de la chose, puisque sans lui elle n'existerait pas pour ainsi dire. Elle doit, par la force du raisonnement, lui appartenir en toute propriété. Telle était la conclusion des Proculiens.

D'après cela, la *nova species,* l'objet nouvellement créé, se trouve être au moment même de sa création, une *res nullius* et c'est par le droit d'occupation qu'il devient la propriété du fabricant, *quia quod factum est antea nullius erat.* (1) Il nous est facile de tirer de ce principe de nombreuses et importantes conséquences. Supposons-nous que la matière transformée était grevée d'un droit d'usufruit ou d'hypothèque? La *nova species* s'en trouve affranchie; l'usufruitier perdra sa jouissance et le créancier perdra son gage. Ou bien la matière transformée a-t-elle été précédemment l'objet d'un vol? Le vol n'existe plus, le *furtum* disparait et n'affecte plus l'objet nouveau, son possesseur sera exonéré de l'action de revendication ou de la *condictio furtiva.* En admettant même que le vol de la matière soit imputable au spécificateur lui-même, il n'en resterait pas moins, même dans ce cas, propriétaire de la chose qu'il a transformée et à l'abri de toute action en revendication.

Gaius nous apprend qu'entre ces deux opinions s'en était produite une troisième qui fut sanctionnée par Justinien : *Est tamen media sententia recte existimantium, si species ad materiam reverti possit, rectius esse quod Sabinus et Cassius senserunt; si non possit reverti, veriùs esse quod Nervæ et Proculo placuit.* Bien qu'au point de vue phi-

(1) L. 7. § 7 D 41. — 1.

losophique on puisse approuver ce système qui ne donne la prédominance sur la substance qu'à la forme indélébile et irrévocable, seule capable de priver le propriétaire de son droit, néanmoins au point de vue pratique il peut être très-contesté. Il est certes peu juste et logique d'attribuer la propriété de la *nova species* au fondeur, bijoutier, tisserand et de la refuser au marbrier, tailleur ou sculpteur. Si on avait maintenu dans la jurisprudence moderne une telle distinction, les progrès des sciences naturelles et de la chimie en eussent sans cesse compromis le fondement, et le système édicté par le Code civil, est préférable à coup sûr. Toutefois nous admettrions volontiers qu'on associât, en proportion de la valeur de leur mise, dans l'objet transformé, le propriétaire de la matière et l'auteur de la transformation, et que, suivant ce même principe, on les reconnaisse co-propriétaires. Les jurisconsultes romains repoussaient cette idée; il ne leur a pas paru que cette idée de co-propriété fut suffisamment justifiée par ce que l'on peut appeler l'apport industriel, par le simple emploi de la matière, sans le consentement du propriétaire. Ce n'était qu'au cas où les deux matières étaient devenues inséparables par une sorte de fusion, qu'ils admettaient ce résultat, et qu'ils reconnaissaient l'existence de l'action *communi dividundo*. Au contraire, les métaux peuvent-ils être séparés? Chaque propriétaire peut réclamer le sien, en agissant au préalable par l'action *ad exhibendum*. *Sed si plumbum cum argento mixtum sit, quia deduci possit, nec communicabitur, nec communi dividundo agitur, quia separari potest: agetur autem in rem actio* (1). *Si ære meo et argento tuo conflato aliqua species facta sit, non erit ea nostra communis: quia cum diversæ materiæ æs atque argentum sit, ab artificibus separari et in pristinam materiam reduci solet* (2). Ainsi donc c'est en vain que le spécificateur aurait formé la *nova species partim ex suâ materiâ*, l'objet, du moment qu'il est susceptible de reprendre sa forme primitive, ne lui appartiendra pas. (3) L'attribution de la propriété dépend de l'irréductibilité de la forme, alors même qu'une partie de la matière appartiendrait au spécificateur.

DISSIDENCE RELATIVE A LA CHOSE ABANDONNÉE.

On sait que l'on peut perdre la propriété d'une chose, sans la transférer à autrui; ce qui peut résulter, soit de la perte ou de la destruction de la chose, soit de l'évasion d'animaux sauvages, soit de la mise hors du commerce pour un motif quelconque. Faut-il joindre à ces diverses causes de

(1) Ulpien L. 8. § 1 D. VI. 1.
(2) Ulpien L. 12 § 1 D. 41. — 1.
(3) Inst. L. II. T I. § 25.

perte, l'abandon fait par le propriétaire? En un mot, la *res derelicta* cesse-t-elle immédiatement *ipso jure* de lui appartenir? Tel était l'avis des Sabiniens, ainsi que nous l'apprend Paul (2). *Julianus, desinere quidem omittentis esse, non fieri autem alterius nisi possessa fuerit et rectè.* Les Proculiens soutenaient, au contraire, que la propriété ne changeait de main qu'autant qu'un autre en avait pris possession: *Proculus non desinere eam rem domini esse, nisi ab alio possessa fuerit.* A leurs yeux, l'abandon était un mode de tradition et d'aliénation. Les premiers, au contraire, considéraient la chose abandonnée comme *res nullius*, de sorte que, quand bien même elle se fut trouvée par sa nature, rangée au nombre des choses *mancipi*, elle n'en devenait pas moins par l'occupation la propriété quiritaire de celui qui s'en emparait. D'après les Proculiens, au contraire, l'occupant n'aurait pu, dans ce cas, acquérir que la possession *in bonis* et eût été dans la nécessité d'usucaper, alors qu'ils admettaient que le *dominium* restait aux mains du précédent maître. C'est l'idée sabinienne qui a prévalu, et justement comme Paul en fait foi. *Et rectè.*

(2) L. II § 1 D. 41 — 7.

DISSIDENCE RELATIVE A L'OMISSION PAR LE TESTATEUR D'UN FILS, HÉRITIER SIEN, QUI VIENT A PRÉDÉCÉDER.

Il est un principe qui, dans son application, a divisé les deux écoles, lorsqu'il s'est agi d'apprécier l'influence sur le testament de l'omission d'un fils *in potestate*. *Quæ ab initio inutilis fuit institutio ex post facto convalescere non potest* (1). Doit-on faire rentrer dans l'*initium* du testament la précaution d'instituer ou d'exhéréder. Tel était l'avis des Sabiniens. *Adeo quidem ut nostri præceptores existiment, etiamsi vivo patre, filius defunctus sit, neminem heredem ex eo testamento existere posse scilicet quia statim ab initio non constiterit institutio* (2). Ils considéraient le testament comme nul, malgré le prédécès du fils. Remarquons bien qu'en cette matière, il ne s'agit pas de l'application de la règle catonienne; quelque analogie que présente cette règle et le principe exprimé dans la loi 210 *de reg. juris*, il importe de ne pas les confondre. L'intérêt de cette distinction est important.

La question débattue, nous le répétons, entre les deux écoles, était de savoir si l'omission de l'*heres suus* annulait le testament *ab initio*. Les

(1) L. 210. D. 50-17.
(2) Gaius c. II. § 123.

Proculiens ne le pensaient pas : *Sed diversæ scholæ auctores, siquidem filius mortis patris tempore vivat sane impedimento eum esse scriptis heredibus et suum ab intestato heredem fieri confitentur : si vero ante mortem patris intercessus sit, posse ex testamento hereditatem adiri putant, nullo jam filio impedimento : quia scilicet existimant, non statim ab initio inutiliter fieri testamentum, filio præterito.* Ainsi, ils concluaient que si le fils omis prédécédait, rien ne s'opposait à l'exécution du testament. Du vivant du père de famille, le fils sous puissance n'a qu'un droit éventuel à la succession; ce droit éventuel, susceptible de ne pas se réaliser, ne doit pas entraver la *factio testamenti* du disposant et, à l'avance, entacher d'une nullité originaire l'expression de sa volonté. D'un autre côté, ne pouvait-on pas dire qu'il était illogique et absurde de faire que les agnats profitassent d'un principe qui n'avait été introduit que dans l'intérêt des descendants? Et il est à remarquer que l'école proculienne, qui appliquait aux legs la règle catonienne dans toute sa rigueur, se gardait soigneusement ici de frapper avec autant de sévérité les institutions d'héritiers. Le droit prétorien a donné à ce système l'appui de son autorité : le préteur exige, pour faire tomber le testament, que l'enfant omis survive au testateur, et même son silence serait insuffisant à amener ce résultat : il faut qu'il se plaigne d'avoir été omis. Ulpien nous le dit en termes exprès : *Æquissimum ordinem prætor secutus est. Expectandi igitur liberi erunt, quamdiu bonorum possessionem petere possunt. Quod si tempus fuerit finitum aut ante decesserint vel repudiaverint vel jus petendæ bonorum possessionis amiserint, tunc revertetur bonorum possessio, ad scriptos* (1).

Ce système fut de plus adopté par les jurisconsultes les plus autorisés. Papinien et Julien en trouvent la justification dans l'équité qu'ils mettent au-dessus des subtilités du droit. *Quod si bonis se patris filius abstinuit, licet subtilitas juris refragari videtur, attamen voluntas testatoris ex bono et æquo tuebitur* (2).

On s'étonne qu'après des témoignages aussi irrécusables, les compilateurs des Institutes n'aient pas trouvé cette opinion plus digne de faveur et ne l'aient pas consacrée dans leur recueil.

DISSIDENCE RELATIVE AU LEGS *per præceptionem* AU PROFIT D'UN *extraneus*.

Si nous supposons que le testateur s'est exprimé de la sorte : «*Lucius Titius, hominem stichum præcipito* » et que le légataire soit, non l'un des héritiers inscrits mais un *extraneus*, la disposition sera-t-elle ou non valable ? La raison de douter

(1) Ulpien L. 2 Pr. D. 37-11.
(2) Papinien. L. 17 D. 28. 3 — Julien. L. 2. D. 38-6.

vient de ce que le terme *præcipere* pris à la lettre signifie prendre avant partage, ce qui paraît ne pouvoir convenir qu'à un co-partageant. Aussi voyons-nous Sabinus frapper ce legs de nullité, quand il s'adressait à une personne étrangère au partage de la succession, *sed nostri quidem præceptores nulli alii eo modo legari posse putant, nisi ei qui aliqua ex parte heres scriptus esset, præcipere enim esse præcipuum sumere* (Gaius. C. II § 217). Julien par une interprétation moins rigoureuse admettait, en ce cas, l'application du senatus-consulte Néronien, qui permettait de comprendre dans le sens le plus favorable, les termes entachés d'erreur dont s'était servi le testateur et en conséquence il validait le legs comme legs *per damnationem*. *Sed Juliano et Sexto placuit etiam hoc casu ex senatus consulto Neroniano confirmari legatum* (Gaius C. II § 218.) Les Proculiens, au contraire, le traitaient comme legs *per vindicationem* et voulaient que l'on ne s'attachât pas à la syllabe *præ*, de façon à lire simplement *capito*. Il résulte même d'une assertion, un peu douteuse, du reste, de Gaius que cette opinion aurait été consacrée par Adrien. *Quæ sententia dicitur divi Hadriani constitutione confirmata esse.* (G. C. II p. 221, 222).

Dans cet ordre de raisonnement plusieurs hypothèses peuvent se présenter :

1° Le testateur était *dominus ex jure quiritium* (condition qui est requise pour le legs *per vindi-*

cationem) de la chose léguée, l'*extraneus* peut la revendiquer.

2° Le testateur avait seulement la chose *in bonis* l'*extraneus* peut agir *ex testamento*, comme s'il s'agissait d'un legs *per damnationem*, en vertu du du senatus-consulte Néronien. Mais il ne peut exercer en ce cas, remarquons-le, ni la revendication, ni l'action publicienne.

3° Enfin il peut arriver que le testateur n'ait eu sur la chose ni le *dominium*, ni l'*in bonis*, là encore il y a lieu d'appliquer le sénatus-consulte Néronien et de donner l'action personnelle au légataire, quel qu'il soit, *extraneus* ou *heres* : ainsi que le fait remarquer *Gaius : Quod si nullo jure fuerit testatoris, tam heredi quam extraneo ex senatus-consulto utile erit.*

Le système des Proculiens nous semble fondé sur les véritables principes du droit, et c'est le seul en harmonie avec les progrès de la science juridique qui parvinrent à la suppression des formules et à l'uniformité des dispositions testamentaires.

DISSIDENCE RELATIVE A L'ACQUISITION DE LA CHOSE LÉGUÉE *per vindicationem.*

A quel moment le légataire acquiert-il la propriété de l'objet légué soit purement et simplement, soit sous condition ? Les Prudents, dit Gaius, sont en désaccord sur ce point. Le legs est-il pur et simple? Les Sabiniens pensent que la chose devient aussitôt après l'adition d'hérédité la propriété du légataire, ignorât-il la disposition faite en sa faveur ; et si, après l'avoir connue, il répudie, à leur avis les choses se passent comme s'il n'y avait pas eu de legs. Pour les Proculiens la chose ne devient la propriété du légataire que s'il a manifesté la volonté de l'acquérir, *non aliter putant rem legatarii fieri quam si voluerit eam ad se pertinere* (1).

Si le légataire répudie, n'accepte pas la disposition, l'héritier aura été *interim* propriétaire de la chose léguée, au sens des Sabiniens. Les Proculiens, au contraire, ne regardent pas le légataire comme *dominus* sous condition résolutoire de répudiation, il le devient seulement par l'acceptation, et jusqu'à ce moment, par conséquent, la chose léguée *est res nullius*.

Bien que consacrée par une constitution d'Antonin le Pieux (2), l'opinion des Proculiens n'a pas prévalu. Gaius en fait foi au Digeste (3) : *Sub conditione servus legatus, pendente conditione pleno jure heredis est.* Et aussi Ulpien (4) : *exemplo rei sub conditione legatæ quæ interim heredis est, existente autem conditione ad legatarium transit.*

(1) Gaius C. II p. 195 et 200.
(2) D. L. 80. livre 31.
(3) D. L. 29 § 1. Liv. 40 9.
(4) *De usufructu.* L. 12 p. 5 VII. — I.

C'est avec raison, du reste, qu'on a décidé ainsi, car en législation pratique, ce système présente le grave inconvénient d'ouvrir la porte à la fraude: le légataire peut ne connaître le testament qu'après un délai plus ou moins long depuis la mort du testateur : il peut aussi ignorer l'adition d'hérédité; il peut enfin pour des motifs légitimes et raisonnables différer de manifester son acceptation. Or la chose étant dans cet intervalle *res nullius*, il peut arriver qu'un tiers s'en empare, et la conserve comme premier occupant, au mépris des droits du légataire. Que restera-t-il à ce dernier? Un recours contre l'héritier? Mais ici l'héritier ne se trouve tenu d'aucune obligation envers lui puisqu'il s'agit d'un legs *per vindicationem*, tout au plus pourrait-on lui imputer sa négligence à ne pas avoir surveillé la possession des choses héréditaires, et encore cette question de responsabilité est-elle subordonnée à une preuve difficile. Le légataire pouvait sans doute, prendre des mesures conservatoires, mais encore il fallait pour cela qu'il fut prévenu. Veut-on supposer que la chose léguée était un esclave? Il s'en suivrait, comme conséquence qu'il ne pouvait stipuler, ni être inscrit dans un testament, puisqu'il était sans maître jusqu'à l'époque de l'acceptation du légataire. Après l'examen de tous ces inconvénients il est évident que les Romains avec leur bon sens pratique ne pouvaient s'accommoder de ce système.

Si nous passons au legs conditionnel, nous trouvons que le dissentiment des deux écoles ne se révèle qu'à propos d'un legs soumis à une condition véritable, c'est-à-dire à un événement futur et incertain, et non pas lorsque la condition qui est exprimée n'est que l'énoncé superflu d'une condition tacite, par exemple, si l'héritier fait adition. La distinction, du reste, est quelquefois embarrassante sur ce point comme le fait observer M. Bufnoir, dans son savant traité *de la Condition* (1). Ainsi, en droit romain la condition *si legatarius voluerit* était considérée comme une condition véritable dont l'effet était de suspendre jusqu'à son accomplissement le *dies cedens* ; parce que le testateur était censé avoir voulu subordonner l'acquisition du droit au legs à l'acceptation personnelle du légataire, comme cela se passait en matière de legs d'option. Mais quant à cette même condition appliquée à l'institution d'héritier, *si heres voluerit*, elle n'aurait pas rendu l'institution conditionnelle parce que, dans tous les cas, l'acceptation personnelle de l'institué est nécessaire pour qu'il acquière un droit transmissible.

On aurait pu penser que les Proculiens eussent apprécié cette condition dans un legs comme étant l'expression inutile d'une condition tacite, puisque leur opinion était de soumettre l'acquisition

(1) *Théorie de la Condition*, p. 53.

du légataire à son acceptation. Il n'en était rien cependant et sur ce point l'opinion des deux écoles était conforme : autre chose, en effet, est le droit au legs, autre chose est l'acquisition de l'objet légué. Le droit au legs appartient au légataire, il est transmissible à ses héritiers indépendamment de toute acceptation de sa part, par cela seul que le testateur est décédé. Cette opinion est commune aux Sabiniens et aux Proculiens. Ce n'est qu'au point de vue de l'acquisition de la chose léguée et de la nécessité de l'acceptation pour la produire que le désaccord éclate. Ainsi donc, aux yeux mêmes des Proculiens, la condition, *si legatarius voluerit* avait pour effet de constituer un legs véritablement conditionnel.

Si les jurisconsultes romains étaient d'accord pour reporter à l'événement de la condition l'acquisition du droit au profit du légataire, ils ne l'étaient plus pour décider, que dans l'intervalle la propriété continuait à résider sur la tête de l'héritier. C'était bien là ce que pensaient les Sabiniens; mais la doctrine des Proculiens était d'enseigner que, dans l'intervalle, la chose léguée était *res nullius*. Gaius (1) nous le dit en ces termes : « on demande à qui appartient, avant l'arrivée de la condition, la chose léguée sous condition *per vindicationem*; nos maîtres pensaient

(1) Gaius C. II p. 200.

qu'elle est à l'héritier, comme le *statu liber*, c'est-à-dire l'esclave auquel la liberté a été léguée sous quelque condition, et qui jusqu'à ce qu'elle se réalise, est bien certainement l'esclave de l'héritier. Mais les auteurs de l'école adverse pensent qu'en attendant, la chose léguée n'est à personne. »

L'opinion des Proculiens ne nous paraît pas facile à justifier. Et certes, comment admettre que le legs puisse avoir pour résultat de dépouiller l'héritier de son droit, sans avoir pour effet d'investir le légataire ? Puisque, jusqu'à la condition accomplie le droit de ce dernier est suspendu par le *dies cedens*, il paraît rigoureusement logique de laisser à l'héritier la propriété de l'objet jusqu'à l'événement attendu, et de ne pas le priver d'une façon préventive d'une chose dont l'attribution au légataire peut éventuellement ne pas se réaliser. On ne peut que par une hypothèse indiquer l'intérêt pratique de ce dissentiment (2) : l'héritier avant l'arrivée de la condition, fait son testament et dispose de la chose qui fait l'objet du legs conditionnel. Ce legs dans la doctrine Sabinienne était valable *ab initio* et restait valable par la suite, si l'événement auquel était subordonné le premier legs, ne se réalisait pas. Il était, d'après la doctrine contraire, frappé de nullité *ab initio*. Celle des Sabiniens a triomphé.

(1) Bufnoir *Théorie de la Condit.* p. 366.

La propriété appartient *interim* à l'héritier; il peut en disposer par actes entre vifs ou testamentaires, sauf, bien entendu, qu'il ne peut le faire que sous la même éventualité qui affecte son droit de propriété. Il s'en suit que jusqu'à l'arrivée de la condition, il peut agir en maître; en conséquence, il pourrait la comprendre dans le partage de la succession; et *ideo venit res sub conditione legata in familiæ erciscundæ judicium et adjudicari potest* (1), il pouvait la revendiquer, *non ideo minus rectè quid nostrum esse vindicabimus, quod abire a nobis dominium speratur* (2). Il pourrait enfin la grever d'hypothèque *statu liber dari hypothecæ poterit licet conditione existente evanescat pignus.* (3)

Remarquons que les droits ainsi constitués par l'héritier *pendente conditione* ne devront porter cependant aucune atteinte à ceux du légataire. Ainsi le legs vient-il à s'accomplir, le legs s'exécutera dans son intégrité. Si nous supposons par exemple, que l'héritier a affranchi l'esclave *statu liber*, si celui-ci meurt *ante conditionem*, il meurt *libertus heredis ;* s'il survit à la condition il devient pour l'avenir au moins *libertus orcinus.*

Toutefois nous voyons que les Romains avaient restreint, dans deux cas, le droit de l'héritier

(1) L. 12. L. 2.-10-2-D.
(2) L. 66-D. 6-1.
(3) L. 13-p. 1. D. 20-1.

pendente conditione : ils lui interdisaient d'affranchir l'esclave légué : *sed nullam libertatem ab eo consequi potest ne legatario injuriâ fieret* (1). L'héritier était aussi sans droit pour rendre *religiosus* le fonds légué : *Si locus sub conditione legatus sit interim heres inferendo mortuum non facit locum religiosum* (2). Le caractère irrévocable de ces deux actes s'opposait, en effet, à ce qu'on lui laissât la faculté de les accomplir, au mépris du droit du légataire.

Quand la condition vient à s'accomplir, le droit de l'héritier cesse et celui du légataire commence. Mais il ne rétroagit pas à une époque antérieure. S'il est vrai que le légataire prend la chose intègre et libre, affranchie de tous les droits conférés par l'héritier dans l'intervalle, ce n'est pas par l'effet de la rétroactivité de son droit, mais bien par l'application d'une autre règle, à savoir qu'on ne peut attribuer plus de droits qu'on n'en a soi-même. Cette vérité a été mise en lumière par le savant interprète des textes sur la condition en droit romain, et ce principe de la non rétroactivité a été fondé sur des arguments qu'on ne saurait ébranler (3). En conséquence, pour juger du sort des actes concernant la chose jugée, accomplie par le légataire

(1) L. 29 p. 1 D 40-9 — L. 11 D. 41-1.
(2) L. 34 D 11-7.
(3) Bufnoir *de la Condit.* p. 374-387. Contra-Vernet, Textes choisis sur les Obligat. p. 146.

pendente conditione, il faudra les considérer comme ayant eu pour objet la chose d'autrui au moment de leur *initium* et déterminer leur efficacité d'après ce point de vue.

Dissidence relative au legs laissé a l'esclave de l'héritier institué.

La réunion sur la même tête du double titre d'héritier et de légataire, des qualités incompatibles de débiteur et de créancier du legs, rend celui-ci nul. Cette question est traitée aux Institutes de Justinien, p. 32, *de Legatis*, et résolue par l'application de la règle catonienne: Le legs est-il pur et simple ? La nullité n'est pas douteuse. Est-il conditionnel ? Il sera valable si l'esclave légataire n'est plus au pouvoir de l'héritier au moment du *dies cedens*, et nul, sans aucun doute, dans l'hypothèse contraire.

Gaius (1) nous a révélé les opinions diverses émises sur ce point par les jurisconsultes. Servius, en contradiction avec la règle catonienne, affirmait que le legs était possible, soit qu'il eût été pur et simple, soit qu'il eût été affecté d'une condition. Les Proculiens adoptaient une solution absolument opposée, assimilant le legs conditionnel au legs pur et simple et les déclarant

(1) Gaius II. 244.

nuls tous les deux : le legs même sous condition, à leurs yeux, constituait à la charge de l'héritier une dette *sub conditione;* et ils concluaient de là que l'héritier ne pouvait être son propre débiteur. Cette opinion erronée, qui consistait à mettre sur la même ligne la stipulation et le legs conditionnel, est repoussée par Ulpien, qui refuse avec raison le titre de créancier au légataire *pendente conditione. Is cui sub conditione legatum est, pendente conditione, non est creditor?* (1) Jusqu'à l'arrivée de la condition, le légataire n'a pas même seulement acquis une simple espérance, et il n'est en droit de rien transmettre à ses héritiers, s'il vient à prédécéder. L'opinion des Sabiniens était en harmonie parfaite avec les principes de la règle catonienne; et ils reconnaissaient la possibilité du legs sous condition au profit de l'esclave de l'héritier institué.

Leur avis prévalut dès l'époque du deuxième siècle : *Ei qui in potestate, manu, mancipiove est scripti heredis, sub conditione legari potest, ut requiratur quo tempore dies legati cedit, in potestate heredis non sit* (2).

Dans sa remarquable étude sur la règle catonienne, M. Machelard (p. 27) soulève et résout en même temps diverses objections dont la théorie que nous venons d'exposer lui paraît suscep-

(1) L. 42. pr. D de Obl. et act.
(2) Règles d'Ulpien. Tit 24. p. 23.

tible. Il se demande tout d'abord comment la nullité du legs pur et simple laissé à l'esclave de l'héritier institué, peut se concilier avec la personnalité que le droit romain reconnaît à l'esclave en matière de legs. Comme on doit penser que le legs est, de sa nature, présumé fait en faveur de la personne qu'il gratifie, il paraît évident que c'est la personne de l'esclave qu'il y a lieu de considérer pour juger de la validité du legs, de sorte que le legs ne serait valable, qu'autant que l'esclave pourrait en profiter, s'il était libre : ce n'est que pour la *factio testamenti* que la personne du maître est prise en considération (1). De la règle *ex personâ servi consistit legatum*, le jurisconsulte Paul tirait cette conséquence qu'on pouvait léguer à l'esclave la chose du maître ou ce qui était dû au maître : alors que ce même legs eût été inutile, s'il eût été fait directement au profit du maître (2).

N'y a-t-il pas, dans cette conclusion, un principe contraire à la règle catonienne ? Puisque nous savons que cette règle ne tient pas compte des événements qui se produisent dans l'intervalle du testament au décès, ne semble-t-il pas que le résultat doit être le même que si le légataire était le *dominus* en personne ? Ce raisonnement paraît fondé et il serait impossible de con-

(1) D. L. 82. p. 2. *Delegatis*. 2° Vat. fragm. p. 56.
(2) Inst. de *Legat*. § § 10 et 11.

cilier ces principes d'une façon satisfaisante, sans un certain tempérament que les jurisconsultes romains avaient coutume d'apporter dans leurs solutions. Or, ce tempérament consiste à distinguer les éléments nécessaires à la constitution d'un legs, abstraction faite de la personne qui doit en profiter.

Quant aux éléments constitutifs du legs, ils se trouvaient réalisés, pourvu que l'esclave appartînt, lors du testament, à un maître ayant *factio testamenti* et que lui-même, s'il eût été libre, fût capable de recueillir le legs. Dès lors nous voyons que le legs de *res domini*, fait à l'esclave vaut *ab initio*, puisque à ce moment *ex personâ servi consistit*.

Quant à la seconde question, à savoir qui profitera de ce legs, elle est complétement étrangère à l'*initium legati*, elle ne dépend que de l'avenir; elle dépend du *dies cedens*. Léguer à un un esclave, c'est léguer à une personne incertaine, dans une mesure toutefois déterminée à l'avance; car la personne de l'esclave est *certa*, mais celle de celui qui doit profiter du legs d'une manière effective est *incerta*, et ne deviendra *certa* qu'au décès seulement du testateur. Le maître de cette époque acquerra le bien légué, par l'intermédiaire de l'esclave; il est donc inutile, jusque là, de s'inquiéter de savoir quelle est ou quelle sera l'aptitude du bénéficiaire. C'est à ce moment ultérieur seulement que s'exercera l'influence de ce dernier. Ainsi ces deux idées ne sont pas contradictoires, comme on pourrait le penser au premier abord : d'un côté, le legs valable *consistit ex personâ servi*, parce qu'il est fait en vue de la personne; d'autre part, le legs fait à l'esclave de l'héritier est nul, parce que dès l'*initium* la séparation des patrimoines fait défaut, et parce que dès l'origine, l'unité de personne juridique entre le légataire et l'héritier s'oppose à sa validité.

Si le legs, fait purement et simplement à l'esclave de l'institué, avait été révoqué sous condition par une disposition nouvelle du testament, cette révocation aurait-elle pour effet de donner la force à ce legs inutile? On pourrait le prétendre, car, en effet, par l'*ademptio sub conditione*, le legs pur et simple se transforme en legs conditionnel, comme s'il avait été fait sous une condition contraire à celle de la révocation (1). *Nam legatum cùm sub conditione adimitur, perindè est ac si sub contrariâ conditione datum fuisset.* Telle n'est pas cependant la conclusion qui ressort de la loi 14 *princ.* au *Digeste de adimendis legatis.* Mais cette conclusion est trop absolue, elle doit, pensons-nous, se trouver modifiée par l'interprétation de la volonté du testateur; puisqu'en matière de testament, c'est un principe dominant que tout doit dépendre entièrement de cette volonté.

(1) D. L. 10 pr. de *Adim Legat.*

DISSIDENCE RELATIVE AU LEGS FAIT SOUS UNE CONDITION IMPOSSIBLE.

C'est Gaius qui a révélé cette opposition des écoles sur l'effet des conditions impossibles dans les legs. Les Proculiens assimilaient, sous ce rapport, les dispositions testamentaires et les contrats ; mais leur opinion n'a pas prévalu, ainsi que le prouvent les Institutes de Justinien et divers textes du Digeste (1). *Sub impossibili conditione vel alio modo factam institutionem placet non vitiari.* Gaius lui-même, cependant, avoue qu'il est difficile de trouver une bonne raison de distinguer : *et sané vix idonea diversitatis ratio reddi potest* (2). Pour justifier cette différence en faveur des testaments, on invoque l'intérêt des Romains à ne pas mourir intestats, intérêt qui les aurait portés à valider les institutions d'héritier et à étendre cette idée jusqu'aux legs. On fait observer que dans une disposition testamentaire le fait capital et essentiel est l'intention de manifester sa libéralité, et que la condition n'en est qu'un accessoire. On ajoute, enfin, règle toute d'équité, qu'il serait injuste de punir le bénéficiaire d'une condition impossible qu'il n'a pas connue et à laquelle il n'a pas consenti.

(1) L. 9 et 1-14 D. 28-7. — L. 3-35-1.
(2) G. C. III p. 98.

Ce système a été adopté par le Code civil, qui même l'a appliqué aux donations entre vifs, par une extension dont le mérite est contestable.

DISSIDENCE RELATIVE AUX ACQUISITIONS PAR L'ESCLAVE QUI EST EN FUITE.

La fuite d'un esclave soulevait des questions nombreuses : le maître ou le possesseur continuait-il à l'avoir *in dominio, in possessione ?* Pouvait-il achever l'usucapion commencée sur cet esclave ? Pouvait-il, si l'esclave achetait et recevait la tradition de la chose, acquérir par lui la propriété ? En était-il de même quant au droit à l'action publicienne ? Paul, qui écrivait à une époque d'éclectisme juridique, nous apprend qu'on acquiert, sans aucun doute, la possession par un esclave fugitif (1) ; que le maître continue à le posséder tant qu'il n'est pas possédé par un autre et que l'usucapion pouvait s'accomplir utilement pendant ce temps là. Telle était l'opinion des Sabiniens : *possessionem autem per eum adquiri, sicut per eos quos in provincià habemus, Cassii et Juliani sententia est.* Mais Paul rapporte, en même temps, la décision contraire du proculien Nerva, le fils : *per servum qui in fugà sit, nihil posse nos possidere, Nerva filius ait.*

(1) L. 1 p. 14. D. *de acquirendâ vel amittendâ possessione.*

C'est la raison d'utilité : *sed utilitatis causâ receptum est,* qui a déterminé le triomphe de l'opinion sabinienne. Il serait injuste, en effet, que la fuite de l'esclave, qui a accompli une sorte de vol de sa personne, ait pour résultat d'altérer en quelque façon la propriété ou la possession juridique du maître, alors qu'aucune autre personne ne s'est emparée de l'esclave et qu'il n'y a pas un conflit de possessions.

Cependant nous trouvons un texte de Pomponius (1) qui, commentant Sabinus, dont il paraît adopter les principes, présente toutefois une contradiction : « Si mon esclave, pendant qu'il était en fuite, achète une chose de quelqu'un qui n'en est pas propriétaire, j'aurai la publicienne, *licet possessionem rei traditæ per eum nanctus non sim.* Ces derniers mots nous semblent inconciliables avec l'idée que le maître acquiert la publicienne, puisque la publicienne est la conséquence de la possession. Il est impossible, en effet, que la publicienne soit acquise, si la possession de la chose ne l'est pas (2). Pothier (3) ne donne à ce sujet que des explications insuffisantes. Nous préférons celles de Cujas et de M. de Savigny, complétées par M. Pellat (4), qui interprète les termes embarrassants du texte de Pomponius dans

(1) L. 15. D. 6. II.
(2) L. 20. p. 2 D. *de acq. rerum dominio.*
(3) De public. act. N° 10 et *de acquir. vel amitt. poss.* N° 27.
(4) De la Propriété p. 591.

le sens d'une possession toute matérielle. Ainsi donc Pomponius nous enseigne que le maître acquiert la publicienne parce qu'il a acquis la *possessio juris*, bien qu'il ne détienne pas encore corporellement.

DISSIDENCE RELATIVE A L'EXTENSION DE L'ACTION *de peculio* CONTRE L'ADROGEANT.

L'adrogation était un mode d'acquisition universelle pour l'adrogeant; d'autre part, par l'effet de la *capitis deminutio*, elle privait les créanciers de tous droits de poursuite. Ils n'avaient plus d'action contre l'adrogé, en raison de la transformation ou plutôt de l'absorption de la personne juridique de leur ancien débiteur ; ils n'avaient point d'action contre l'adrogeant, en raison de ce qu'en principe les dettes d'un fils de famille n'atteignaient pas le père, à l'exception toutefois des dettes des successions échues à l'adrogé, *hereditarium æs alienum* (1), et des dettes nées de ses délits (2), comme nous l'apprend Ulpien : *nemo delictis exuitur quamvis capite minutus sit.* Le préteur vint au secours des créanciers et corrigea cette rigueur du droit civil en leur accordant la rescision de la *capitis minutio ;* en conséquence,

(1) Gaius C. III p. 84.
(2) Ulpien L. 2 p. 3. D. *De Capit. minut.*

il les envoya en possession des biens de leur débiteur, comme si ces biens étaient restés son patrimoine, nonobstant l'adrogation.

Les Sabiniens se rangèrent à la jurisprudence du préteur en approuvant cet envoi en possession ; mais les Proculiens procédaient autrement : ils se contentaient d'étendre l'action *de peculio* qui avait été créée spécialement pour le cas où un fils de famille avait reçu un pécule de son père, même à l'hypothèse des dettes contractées pàr l'adrogé avant son adrogation. Ulpien fait foi de ce dissentiment dans la loi 42 D *de peculio : In adrogatorem de peculio actionem dandam, quidam rectè putant; quamvis Sabinus et Cassius, ex antè gesto de peculio actionem non esse dandam existimant.*

La résistance des Sabiniens à cette doctrine s'explique par cette considération : l'idée d'un pécule implique celle d'une personne, *alieni juris;* et il est, par conséquent, impossible de la concevoir pour les obligations d'un *paterfamilias.* En outre, pour pouvoir appliquer l'action *de peculio* à l'adrogeant, à raison des dettes contractées *antè adrogationem,* il faut avoir recours à une fiction et faire dater rétroactivement la puissance paternelle de l'adrogeant à une époque antérieure aux susdits contrats. Nous devons cependant reconnaître que cette doctrine prévalut, *quidam rectè putant,* dit Ulpien. Elle offrait cet avantage d'éviter au préalable la rescision de l'adrogation ;

le père était condamné *suo nomine*, dans les limites de l'émolument qu'il avait acquis du fait de l'adrogation et de ce qui restait entre ses mains à ce titre. Bien que le résultat paraisse identique, il n'en est pas toujours ainsi. Nous savons, en effet, que pour apprécier la valeur du pécule, il faut d'abord en retrancher tout ce qui est dû au père par le fils (1), bien qu'il n'y ait entre eux qu'une obligation naturelle. Or, il peut se faire que les créanciers aient intérêt à ce qu'on ne fasse pas cette déduction, et que la rescision de l'adrogation fût, pour eux, préférable; car, dans ce cas, il n'y a pas lieu de l'opérer.

Mais ici, une autre question se présente : en admettant que les créanciers choisissent ce dernier parti, doivent-ils, au moins, permettre à l'adrogeant de concourir avec eux sur le prix de vente des biens? On se sent embarrassé pour répondre, car si, d'un côté, nous voyons dans la loi II, p. 4, Digeste, *de capite minutis*, que tout droit d'action est perdu d'une façon irrévocable pour l'adrogeant, d'un autre côté, l'équité prétorienne, qui a donné lieu à la rescision de l'adrogation, semble justifier le concours de l'adrogeant avec les autres créanciers. N'oublions pas, toutefois, que l'adrogation subsiste néanmoins, et que, par suite, il n'y a plus qu'une obligation naturelle contre l'adrogé.

(1) *Pomponius* L. 7. D. *de peculio Legato*.

Dissidence relative a la stipulation pour autrui.

Le droit romain et, à son exemple, notre législation interdit la stipulation pour autrui; or, stipuler pour autrui, c'est obtenir un engagement à l'exécution duquel on n'a pas soi-même un intérêt appréciable. Ce défaut d'intérêt s'oppose à ce qu'on puisse sanctionner le contrat : *alteri stipulare nemo potest : inventæ sunt enim hujusmodi obligationes ad hoc ut unusquisque sibi adquirat quod sua interest; cæterum, ut alii detur, nihil interest stipulatoris* (1). Ainsi, l'absence d'intérêt pour le stipulant entraîne impossibilité de condamner le promettant à une indemnité quelconque, puisqu'on ne peut en déterminer le montant. Mais si nous supposons que le dommage puisse être apprécié d'une façon quelconque, la stipulation deviendra valable. Le stipulant a-t-il ajouté une clause pénale; est-il comme tuteur, comme mandataire, intéressé pécuniairement à l'exécution de la stipulation? Aussitôt avec l'intérêt constaté, les difficultés cessent, le contrat sera reconnu et sanctionné.

A ce sujet, une opposition de doctrine s'élevait entre les Sabiniens et les Proculiens, lorsque la

(1) Institutes IV *De Inut. Stip.* G. C. III. 103.

stipulation était ainsi conçue : « Promets-tu de donner *decem aureos* à moi et à un tiers. » Les premiers soutenaient la validité de la stipulation pour la totalité de la somme, ne considérant le nom du tiers que comme un nom inutile et non avenu..... *In universum valere et proindè ei soli qui stipulatus sit, solidum deberi, atque si extranei nomen non adjecisset.* Les seconds ne validaient la stipulation que pour moitié. Cette dissidence entre les deux Ecoles dépendait évidemment du point de vue différent auquel chacune d'elles se plaçait. Le nom du tiers doit-il compter ou doit-il, au contraire, être effacé ? Julien adopta la doctrine proculienne (1). *Eum qui ita stipulatur, mihi et Titio decem dare spondes? Vero similius est semper una decem communiter sibi et Titio stipulari.* Justinien se rangea aussi à cette opinion : *Sed placet non plus quam dimidiam partem ei adquiri.*

Mais, en matière de vente, nous voyons Javolenus traiter la même question et la résoudre dans le sens des Sabiniens (2). Il n'y a pas d'autre explication probable que celle qui consiste à dire qu'il suivait leur doctrine, et non pas, comme l'ont prétendu quelques commentateurs, en raison du caractère de bonne foi du contrat. Ce texte, comme bien d'autres, aura échappé aux compilateurs du Digeste.

(1) L. 56 pr. *De verb. Obl.*
(2) L. 64. D. 18-1.

Dissidence relative a la stipulation faite par l'esclave héréditaire nominativement pour l'héritier futur.

Nous avons observé, dans l'introduction, que les jurisconsultes romains procèdent par espèces et résolvent séparément les questions, sans avoir la prétention de rester d'une façon rigoureuse fidèles à des principes. Notre assertion se justifie par l'hypothèse que nous avons à étudier. Il est une règle bien connue qui se formule ainsi : *hereditas personæ defuncti vicem sustinet* (1). C'est une fiction qui prolonge la vie et la capacité du maître défunt, et qui sert à expliquer la validité des acquisitions faites par l'esclave héréditaire. Comme cet esclave n'a réellement aucun maître effectif, tant que l'hérédité demeure jacente, il était censé être resté sous la *potestas* du maître défunt qui continuait après sa mort à le rendre habile à acquérir. C'est de cette manière que les Romains avaient tranché les difficultés qui pouvaient naître de cette sorte d'interrègne. Mais où la controverse commence, c'est lorsque nous nous trouvons en présence d'une règle toute opposée, qui est avancée par le jurisconsulte Florentinus (2). *Heres quandoque adeundo hereditatem*,

(1) L. 16 D. *De stipul. serv.*
(2) L. 34. D. 29. 2.

jam tunc a morte successisse defuncto intelligitur. Cette fiction est acceptée également par Modestinus, qui nous dit (3) : *Servus hereditarius et heredi futuro et hereditati recte stipulatur*. Or, il en résulte qu'ils font rétroagir l'adition de l'hérédité au jour du décès, ce qui amène des conséquences directement contraires. D'après cela l'esclave, pendant la vacance de l'hérédité, aura eu la capacité de stipuler valablement au nom de l'héritier futur. C'était la doctrine de Cassius que rejetait Proculus (1). *Proculus negavit, quia in eo tempore extraneus est, Cassius respondit posse ; quia qui postea heres exstiterit videretur ex mortis tempore defuncto successisse*. Gaïus approuve, sans hésitation, cette doctrine des Sabiniens : *manifestum igitur est servi stipulationem ei acquiri*. Cependant, elle n'a pas prévalu (2), comme nous l'apprend Papinien. Ce n'est qu'avec réserve que les Institutes de Justinien nous parlent de la règle que l'hérédité tient la place du défunt, et en en faisant abstraction dans tous les cas où son application pourrait devenir gênante (3). Ajoutons donc, pour nous résumer, qu'il convient de la suivre le plus souvent, *in plerisque*, mais qu'il faut en faire l'abandon dans la sorte de stipulation qui nous occupe, comme aussi dans tous les cas de stipulations

(3) L. 35. D. *De stipul. serv.*
(1) L. 28 p. 4 D. *de stipul. serv.*
(2) Papinien L. 18. p. 2. D. *de stipul. serv.*
(3) Inst. 3 *de stipul. serv.*

dont l'objet suppose nécessairement une personne vivante, telles que celles où il s'agirait d'un droit d'usufruit ou d'usage.

DISSIDENCE RELATIVE A LA STIPULATION DU *Servus communis jussu unius domini.*

La stipulation faite par l'esclave commun profite, en général, à chacun des maîtres, proportionnellement à sa part de propriété sur l'esclave (1). *Servus communis stipulando unicuique dominorum proportione domini adquirit.* Mais cette règle recevait exception quand l'esclave stipulait nominativement pour un de ses maîtres ou nominativement pour chacun, ou quand l'un des maîtres était incapable de cette acquisition, ou enfin, quand l'esclave stipulait par ordre d'un seul des deux; c'est sur ce dernier point qu'il y avait désaccord entre les deux écoles. Les Sabiniens assimilaient la stipulation par ordre d'un des maîtres à la stipulation nominative et ne voyaient aucune raison de distinguer (2). Les Proculiens, au contraire, ne tenaient pas compte de l'ordre donné par l'un des maîtres, et raisonnaient comme si la stipulation avait été faite au profit de tous les maîtres, sans nommer aucun d'eux. Cette doctrine était en quelque sorte arbitraire

(1) Inst. p. 3 *De stipul. servorum.*
(2) Gaius C. III p. 167.

et ne reposait sur aucun argument solide; elle ne tenait compte, en effet, en aucun point, de l'intention probable des parties, et c'est à bon droit que les rédacteurs du Digeste l'ont repoussée. Justinien va plus loin encore : *Nisi jussu unius eorum aut nominatim cui eorum stipulatus est tunc enim ei soli adquiritur.* Ainsi, il accorde d'une façon, peut-être exagérée, la prédominance à la volonté du maître qui a ordonné à l'esclave de contracter : car si l'esclave, après avoir reçu de *primus* un ordre de stipuler, vient postérieurement à stipuler nominativement pour un autre maître, c'est au maître qui a donné l'ordre et non à ce dernier que la stipulation se trouvera acquise (1).

DISSIDENCE RELATIVE AUX CONTRATS INNOMMÉS.

On sait que la législation romaine distingue les contrats en deux grandes classes : les nommés et les innommés. Les premiers ont été l'objet d'un classement et de règles particulières; des actions spéciales les ont sanctionnés. Les seconds étaient restés en dehors de cette réglementation, et les Prudents les avaient désignés à la fois d'après le but proposé et d'après les moyens usités par les contractants.

(1) L. 3. Code. Liv. 4 Tit. 27.

L'existence juridique des pactes, leur sanction légale, furent une des plus grandes préoccupations des jurisconsultes. Une dation quelconque, un fait naturel, un fait juridique, telles étaient les trois sources d'où dérivaient ces contrats nouveaux, et on avait ramené à quatre classes principales le nombre indéfini de conventions qui pouvaient se produire, en sus de celles que la loi avait spécialement déterminées et auxquelles elle avait attaché une sanction particulière : *Do ut des, do ut facias, facio ut des, facio ut facias.* Fallait-il voir un contrat véritable dans ces diverses hypothèses? Y a-t-il *negotium gestum*, expression qui contient en elle-même toute la différence entre un contrat réel et un simple pacte? Au moyen de quelle action le sanctionnerait-on, si on devait le reconnaître? Tel fut le problème qui, après avoir divisé profondément les jurisconsultes, ne trouva sa solution définitive qu'aux derniers temps du droit romain, sous Justinien seulement. Mais, y a-t-il là une controverse bien établie, une division spécialement tranchée entre les deux écoles? C'est ce que nous n'oserions pas affirmer. S'il y a eu dissentiment entre les Sabiniens et les Proculiens, du moins n'a-t-il pas eu un caractère aussi absolu et aussi unanime qu'on s'est plu à le faire remarquer ; et au milieu des questions nombreuses qu'a soulevées la controverse, il n'est pas sans exemple de constater une certaine confusion entre les deux écoles.

Cette remarque n'est du reste pas de nature à nous arrêter davantage : nous croyons avoir démontré, en effet, que la rivalité de ces écoles n'était nullement entachée d'un caractère de haine ou d'envie, et il nous suffit, en conséquence, de mettre en relief les divergences d'opinions qui se manifestèrent entre les jurisconsultes, abstraction faite de ceux qui abandonnèrent la doctrine de leurs maîtres pour se rallier aux doctrines opposées. Notre remarque ne porte pas plus sur un parti que sur l'autre; si nous voyons le sabinien Pomponius s'écarter des traditions de son école, nous voyons aussi d'un autre côté Celsus, l'un des Proculiens et des plus célèbres, faire exception aux principes émis par les siens, pour s'attacher aux idées sabiniennes (1).

Ce sont les Proculiens qui, les premiers, eurent l'idée des contrats innommés. C'est à Labéon, leur chef, contemporain d'Auguste, qu'on est redevable de l'action *præscriptis verbis*, ce qui, du moins, parait résulter de divers textes (2). Car, s'il ne sut pas rédiger la formule juridique qui généralisa ces contrats, du moins est-ce lui qui en trouva le premier la théorie, en créant une action en rapport avec eux. Ce n'est guère qu'au commencement du second siècle que l'on trouve le principe formulé d'une manière précise. La

(1) Loi 16. D. *Cond. caus. dat.* 12-4.

(2) *De præscriptis verbis.* L. 1 p. 1 L. 19 pr. 19-5 — D. Loi 50 *De cont. empt.* 18-1.

situation pouvait se résumer ainsi : tant qu'elle n'était pas exécutée, la convention restait sans effet aux yeux de la loi, *nudum pactum*, il n'y avait ni contrat, ni action. Mais s'il y avait eu exécution de la part de l'une des parties, les Proculiens voyaient dans ce fait une *causa obligationis*; l'équité s'opposait, selon eux, à ce que la partie adverse se trouvât complétement libre de tout lien, alors qu'elle avait retiré des avantages de la convention. Le fait exécuté ou la dation accomplie constituait un *negotium gestum*, en vertu duquel le contrat se révélait et l'action était donnée; une obligation civile était née. C'est ce que nous dit Ulpien, au Digeste (1), en rapportant la décision d'Ariston : *Sed et si in alium contractum res non transeat, subsit tamen causa : eleganter Aristo Celso respondit esse obligationem: ut puta dedi tibi rem ut mihi aliam dares, dedi ut aliquid facias, hoc* SUNALLAGMA *id est contractum esse et hinc nasci civilem obligationem.*

Telle était l'opinion des Proculiens. La doctrine Sabinienne s'en écartait surtout en ce qui touchait la nature de l'action appelée à sanctionner ces obligations nouvelles. Sans rejeter complétement l'idée du contrat, ils repoussaient l'action *præscriptis verbis*, et, dans leur attachement pour les formes du passé, ils ne voulaient donner une action que sur le modèle de l'action du contrat

(1) L. 7 p. 2. *De pactis*.-2-14.

nommé qui se trouvait avoir le plus de rapport avec la convention dont il s'agissait; sans égard pour la logique qui commandait d'éviter toute confusion avec les anciens contrats du droit civil, ils appliquaient par analogie le contrat consensuel qui se rapprochait le plus de la nature du pacte et ne donnaient, en réalité, que des actions anciennes étendues *utilitatis causâ*. C'est en raison de ce principe et sous l'influence de cette idée que nous les verrons plus tard assimiler l'échange à la vente, et refuser de reconnaître comme contrat indépendant la *permutatio rerum*. Cette doctrine pouvait présenter en pratique de graves inconvénients; cette analogie sur laquelle ils s'appuyaient pouvait avoir un caractère multiple, de façon à jeter l'embarras sur le choix de l'action qui devait être donnée. Aussi cette opinion ne put-elle prévaloir. On reconnut à la longue combien était préférable une action spéciale, possédant un caractère propre, bien que s'appliquant d'une façon générale à toutes les conventions d'une nature si variée, qui pouvaient se produire sous la seule condition qu'une des parties eût exécuté le contrat, qu'il y ait eu *aliquid datum vel factum*.

C'est au jurisconsulte Paul que nous devons la division des contrats innommés en quatre catégories : *Aut enim do tibi ut des; aut do ut facias, aut facio ut des; aut facio ut facias; in quibus quæ-*

ritur quæ obligatio nascatur (1). Si on ne voit pas ici la mention du *non facere*, il n'y pas lieu de s'en étonner, car il est implicitement compris dans le *facere* ainsi que nous le voyons au Digeste (2). *Facere opportere et hanc significationem habet, ut abstineat quis ab eo facto quod contrà conventionem fieret et curaret ne fiat.*

Reprenons une à une les différentes hypothèses prévues par Paul.

1° *Do ut des* — Nous sommes ici en présence du contrat d'échange, et nous connaissons déjà l'opinion des Sabiniens sur ce point. Sabinus et Cassius le confondaient avec la vente, et, lui reconnaissant le caractère de contrat civil, lui donnaient une action en rapport. Gaius fait mention de la controverse (3). Mais déjà nous voyons des défections dans le camp des Sabiniens, et Pomponius, l'un d'eux, comme il résulte de la *loi* 39 *au Digeste, de stipulat. serv.* (*Quod Gaius noster dixit*) accordait dans ce cas l'action *præscriptis verbis* que repoussait cependant la doctrine Sabinienne (4). Les Proculiens finirent par triompher, comme l'atteste Paul (5) et le contrat d'échange se forma *re* : *permutatio autem ex re traditâ initium obligationi præbet.*

(1) L, 5 pr. D. *De præscriptis Verbis.*
(2) L. 189. D. de verb. signif.
(3) Gaius III p. 141.
(4) L. 18 p. 2 . Famil erciscundæ 9. 2.
(5) L. 1 p. 2 D. *De rer perm.* 19-4.

2° *Do ut facias* — Nous trouvons que l'école Proculienne, représentée par Ariston et Nératius, admit, de bonne heure, l'existence de ce contrat parmi ceux *quorum appellationes nullæ juri civili proditæ sunt*, et leur sanction dans l'action *præscriptis verbis* (1). Quant à l'école Sabinienne, aucun texte n'en reproduit la pensée, sauf un texte de Pomponius qui se range à la doctrine des Proculiens. Mais ce qui donne à penser que les Sabiniens, dans cette dernière espèce, repoussaient cette conclusion, c'est qu'ils devaient être inspirés par les mêmes motifs que dans la précédente. En outre, en s'appliquant à démontrer que le contrat *do ut facias*, est complétement distinct du louage, Paul (2) semble admettre qu'on ait pu les confondre, et il est probable que telle était sur ce point la doctrine Sabinienne qui devait accorder dans ce cas une action calquée sur l'action *conducti*.

3° *Facio ut facias*. D'après un texte de Gaius (3) qui, dans une espèce de ce genre, recherche s'il y a un louage de services, *vel si rem tibi utendam dederim et invicem aliam rem acceperim, quæritur an locatio et conductio contrahatur*, nous sommes autorisés à penser qu'il s'agissait de savoir, non pas si on devait y voir un contrat, mais, son

(1) L. 7. p. 2. D. *De pactis*.
(2) L. 5 p. 2. D. 19-5.
(3) Gaius C. III p. 144.

existence admise, de quelle nature il devait être. Là encore les Sabiniens repoussaient l'action *præscriptis verbis* et ce ne fut qu'après un long temps que l'opinion des Proculiens triompha ; ce que Paul nous apprend dans la loi 5 : *tutiùs erit... præscriptis verbis dari actionem* (1). Sans doute, ici on aurait pu confondre ce contrat avec le mandat, et c'est ce que firent probablement les Sabiniens en donnant l'action *in factum* pour tous les cas qui se rapprochaient du mandat. Cette confusion possible était dans la pensée de Paul, car il discute, en détail, la valeur des raisons qui auraient pu y donner lieu. Remarquons toutefois, comme nous l'avons fait plus haut, que Pomponius, toujours rallié aux idées Proculiennes, admit l'action *præscriptis verbis*, dans l'hypothèse de cette convention. *Sed Pomponius posse cum sequestre præscriptis verbis actione agi scribit* (2).

4° *Facio ut des.* L'action *præscriptis verbis*, rencontra, dans cette espèce, le plus de résistance. Paul va jusqu'à nier l'existence du contrat et n'accorde qu'une action de dol. *Quod si faciam ut des, et, posteaquam feci, cessas dare, nulla erit civilis actio, et ideò de dolo dabitur* (3). Pomponius s'exprime de même : *nullam juris civilis ac-*

(1) L. 5. p. 4, D. 19-5.
(2) L. 9. p. 3 D *De dol-mal.* 4. 3.
(3) L, 5. p. 3 II *De præscriptis verbis.*

tionem esse Aristo ait; an in factum dari debeat deliberari posse; sed erit de dolo. (1) Mais, comme nous le voyons, tout en rejetant *l'actio præscriptis verbis*, Aristo hésitait s'il n'était pas préférable de donner une action *in factum*, non pas analogue à l'action utile d'un contrat nommé, mais dégagée, au contraire, de toute idée de contrat. Nous trouvons ensuite que Gaius (2), paraît vouloir accorder une action *in jus utilis*, à l'exemple de celle du contrat nommé le plus proche, conformément à la doctrine Sabinienne; mais il ne dit rien de l'action de dol, dont il refuse sans doute l'exercice. Julien (3) paraît se rapprocher de cette doctrine.

C'est Ulpien le premier qui reconnaît franchement l'existence d'un contrat dans l'hypothèse *facio ut des* et qui accorde, dans ce cas, l'action *præscriptis verbis*, réservant le cas où un dol aurait été commis. *Et quidem conventio ista non est nuda... Sed habet in se negotium aliquod; ergo civilis actio oriri potest, id est præscriptis verbis nisi si quis et in hac specie de dolo actionem competere dicat, ubi dolus aliquis arguatur* (4). Alexandre Sévère (5), au code consacre cette opinion. Mais la contro-

(1) L, 16. p. 1 D. 19-5.
(2) Gaius C III p. 113. L, 22. D. *de præs. Verb.*
(3) L. 7 p. 2. L, *De pactis.* 2-14.
(4) L. 15 D. 19-5.
(5) L. 6 Code II 4.

verse ne cesse définitivement qu'au jour où Justinien reconnaît ce contrat et le sanctionne.

Disons un mot, avant de terminer, de l'action *præscriptis verbis* et de son caractère. Son nom lui vient de ce que le demandeur était tenu de motiver sa prétention, dans la *demonstratio*, par une sorte de récit des faits sur lesquels il appuyait sa demande (1). Il ne pouvait se contenter de l'indiquer par un seul mot comme cela se passait pour les contrats nommés (*quod Aulus Augerius commodavit, emit*). Peut-être, peut-on dire qu'à l'origine la *demonstratio* n'était autre qu'une *præscriptio* qui contenait l'exposé des faits constitutifs du contrat *præscriptiones a parte actoris*, comme le dit Gaius, C. 4 p. 130. C'est en raison de la *demonstratio* qu'on disait de cette action qu'elle était conçue *in factum* alors que l'*intentio* était conçue *in jus*. Si l'action était appelée civile, c'est que son caractère était civil et essentiellement contractuel, puisqu'elle était née ainsi que l'obligation qu'elle sanctionnait de l'autorité des Prudents, une des sources du droit civil. Quant à l'appellation d'*actio incerti* qu'on remarque quelquefois, elle vient sans doute de ce que les contrats innommés eux-mêmes recevaient le nom de *contractus incerti*. Mais cette action bien que donnée *rei persequendæ gratiâ*, ne saurait pas néanmoins procurer au demandeur d'une façon directe la chose qui lui est due: il

(1) L. 6 Code *de Transactionibus*.

était de principe, en effet, en droit romain, que toutes les condamnations étaient pécuniaires. Mais il obtiendra par elle des dommages-intérêts évalués suivant le préjudice qu'il a éprouvé de l'inexécution du contrat.

Toutefois s'il est vrai de dire que l'action *præscriptis verbis* rendit l'application de l'action de dol impossible et l'action *in factum* inutile du moins laisse-t-elle subsister à côté d'elle la *condictio ob rem dati*, autrement dite la répétition de la chose et la résolution du contrat. Nous en avons la preuve dans la loi 5 de *præscriptis verbis* où Paul dit: *vel si meum recipere velim, repetatur quod datum est quasi ob rem datam re non secuta* (1). Ce qui est spécial, remarquons-le, aux contrats innommés; car en principe général, le droit romain contrairement à notre législation moderne (2), ne reconnaissait pas comme cause de résolution l'inexécution dans les contrats synallagmatiques (3).

DISSIDENCE RELATIVE A LA VENTE

I.

De la bonne foi dans la vente.

L'édit du préteur sur la publicienne mentionnait spécialement la vente de bonne foi, *bonæ*

(1) L. 5 p. 1 D. de pr. Verb.
(2) Code civil art, 1184.
(3) L. 1 Code de *De rerum permut.*

fidei emptio, et cela en outre de la *traditio ex justâ causâ*, qui devait présider à tous les contrats dont l'effet était de transférer la propriété d'une chose quelconque. De là, deux différences très-importantes s'étaient introduites dans la jurisprudence romaine entre la situation d'acheteur et celle de possesseur à un titre quelconque; celui dont la possession avait pour origine *causa emptionis*, devait pour usucaper avoir été de bonne foi lors de la vente et de la tradition ; celui au contraire qui possédait *ex aliâ quâlibet causâ* n'avait besoin d'être de bonne foi qu'à l'instant de la tradition. De plus il était indispensable que la vente eût été sérieuse et qu'ainsi la tradition fût la suite d'un achat réel, tandis que s'il s'agissait d'un contrat autre qu'une vente, on admettait que le contrat pouvait ne pas avoir eu lieu réellement (1). C'est de cette distinction féconde en conséquences qu'était née la controverse entre les deux écoles. *Si aliena res bonâ fide empta sit, quæritur, ut usucapio currat, utrum emptionis initium, ut bonam fidem habeat, exigimus an traditionis* (2). Les Proculiens pensaient que pour pouvoir usucaper, la bonne foi devait exister chez l'acheteur au moment de l'achat, mais qu'il était inutile que cette bonne foi se continuât jusqu'à l'époque de la tradition. Dans tout les cas autres qu'une vente, ce devait

(1) Paul L. 2 pr. D. *pro emptor*.
(2) Ulpien L. 10 pr. D. 41-3.

être à ce moment au contraire, selon eux, que la bonne foi devait exister.

Mais leur opinion ne prévalut pas, comme on le voit dans la loi 7 p. 17, au Digeste de *publicianâ in rem actione,.... ideòque si sciens alienam possessionem apprehendit publicianâ eum experire non posse, quia usucapere non poterit. Nec quisquam putet, hoc nos existimare, sufficere initio traditionis ignorasse rem alienam, uti quis possit publicianâ experire, sed oportere et tunc bona fidei emptorem esse.* Cette dernière décision était celle des Sabiniens. *Et obtinuit Sabini et Cassii sententia, traditionis initium spectantium,* c'est-à-dire que non seulement ils exigeaient la bonne foi au moment de l'achat, mais encore à l'instant de la tradition. Nous trouvons la preuve que leur opinion était bien telle dans la loi 7, que nous venons de citer : on comprend à la manière dont elle est rédigée qu'Ulpien a tenu à démontrer que la bonne foi était indispensable à ces deux moments, et empêcher qu'un doute pût naître de l'interprétation de son texte; nous nous rangerons à cette dernière opinion, qui a pour elle, comme nous l'avons vu, l'autorité de Paul et d'Ulpien et qui est en tout la plus conforme aux principes du droit alors en vigueur sur la vente ; son insertion enfin au Digeste nous dit assez qu'elle fut consacrée par Justinien.

II

Du prix en argent.

Nulla emptio sine pretio esse potest. Le prix est donc, en matière de vente, une condition nécessaire à sa formation. Mais il s'agit de savoir quelle doit être la nature de ce prix et en quelle matière il doit consister. C'est sur cette question que nous constatons, en droit romain, une controverse des plus vives entre les Sabiniens et les Proculiens.

Les Sabiniens soutenaient qu'il n'était pas indispensable que le prix consistât en une somme d'argent, et qu'il pouvait se composer de quelque autre chose. *Nostri præceptores putant etiam in alià re posse consistere pretium : unde illud est quod vulgò putant, per permutationem rerum emptionem et venditionem contrahi eamque speciem emptionis et venditionis vetutissimam esse* (1). C'est la forme qu'a eue la vente, disaient-ils, dès les temps les plus reculés, et on voit Homère la consacrer dans ses chants lorsqu'il raconte les transactions qui se passaient entre les Grecs et le mode de payement qu'ils employaient. C'était du vin acheté contre du fer, des esclaves, etc. *Sabinus Homero teste utitur qui exercitum Græcorum ære, ferro, hominibusque vinum emere refert.*

(1) Gaius, C. III p. 141 Oblig. ex cont. cons.

En un mot, dans leur opinion, ils assimilaient complétement l'échange à la vente, sans faire entre ces deux contrats aucune distinction.

Les Proculiens, qui avaient admis la solution contraire, se fondaient sur ce qu'il est de toute nécessité dans la vente de distinguer l'acheteur du vendeur et sur ce que les obligations, conséquences de ce contrat, doivent avoir une existence déterminée. Il faut laisser à chaque partie le rôle qui lui convient et se garder de confondre les deux situations de vendeur et d'acheteur, en permettant aux intéressés de convenir, comme prix, d'une chose qui ne serait que l'équivalent en nature de l'objet vendu : qu'à l'origine, la seule forme de la vente fut l'échange, rien de plus naturel : l'argent étant alors inconnu, on ne pouvait lui demander d'être le régulateur des transactions entre les hommes : chacun, selon les besoins des temps, échangeait les objets nécessaires à la vie. Mais du jour où une matière a été choisie pour être la représentation constante et publique d'une valeur fictive et subvenir aux inconvénients des payements en nature, le mot *pretium* servit à désigner cette valeur, et une limite bien définie fut tracée entre la vente et l'échange. Ce serait méconnaître les faits et les principes eux-mêmes que d'admettre que le prix puisse consister en autre chose qu'en une somme d'argent. ***Diversæ scholæ auctores dissentiunt, aliud que existimant rerum permutationem, aliud emptio-***

nem et venditionem : alioquin non posse rem expediri permutatis rebus, quæ videatur res venisse et quæ pretii nomine data esse : sed rursus utramque videri et venisse et utramque pretii nomine datam esse absurdum videri.

A cela, les Sabiniens répondaient que la confusion, contre laquelle s'élevaient leurs adversaires, n'avait point de fondement sérieux, et que, du moins dans l'espèce suivante citée par Sabinus, il était constant que la chose vendue était le fonds de terre, et que le prix était l'esclave, sans qu'il pût y avoir de doute à cet égard. *Sed ait Cœlius Sabinus, si rem Titio venalem habente, veluti fundum, acceperim, et pretii nomine hominem forte dederim, fundum quidem videri venisse hominem autem pretii nomine datum esse ut fundus acciperetur.*

Il faut reconnaître que sur ce point, mais sur ce point seulement, le système des Sabiniens triompha, restreint dans les limites étroites de l'hypothèse prévue par Sabinus. Il est, en effet, aisé de voir qui est vendeur et qui est acheteur, et aucune bonne raison n'existe pour interdire aux parties le droit de fixer à leur convenance la nature du prix de vente. Une constitution de l'empereur Gordien fait foi de ce résultat pratique (1). Bien que Gaius paraisse nous présenter la question comme encore pendante parmi les

(1) Code L. 1 *De rerum permutatione.*

jurisconsultes, il n'est pas douteux que l'école proculienne vît triompher son système, et que l'on exigeât que le prix consistât *in numerata pecunia* en une somme d'argent ; un texte de Paul (1), est probant à cet égard : *Sed verior est Nervæ et Proculi sententia ; nam ut aliud est vendere, aliud emere, alius venditor alius emptor, sic aliud est pretium, aliud merx quod in permutatione discerni non potest, uter emptor, uter venditor sit.* Et nous trouvons une constitution des empereurs Dioclétien et Maximien (2), qui, dans une espèce particulière, décidaient la question dans le même sens.

Sur ces bases, il n'est peut-être pas sans intérêt de rappeler les traits caractéristiques qui distinguent la vente de l'échange : ainsi, dans l'échange, l'obligation se forme *re* au lieu de rentrer comme la vente dans la classe des contrats consensuels : *Permutatio ex re tradita initium obligationi præbet* (3).

Dans l'échange, il n'y a pas d'action en rescision pour lésion ; il y a une forme de résolution du contrat au moyen de la *condictio causa data non secuta*, ce qui n'a pas lieu en cas de vente.

Enfin, dans l'échange, la question des risques est résolue par les auteurs en sens divers ; dans la

(1) L, p. 1 D. *de contrah. empt.*
(2) Code L.-7 *De rerum permut.*
(3) L. 1 p. 2 D. *De rerum permut.*

vente, les risques sont toujours à la charge de l'acheteur.

III

Du prix fixé par un tiers.

Nous venons de voir que, pour qu'il y ait vente, il fallait qu'il y ait un prix consistant en une somme d'argent. Mais ce n'est pas encore suffisant, et il faut que le prix soit déterminé et certain, *certum pretium esse debet*. Il n'y aurait pas vente si l'on avait laissé au hasard le soin d'en déterminer le chiffre ou d'en fixer le montant. Il faut qu'au moment même où les parties échangent leur consentement, le prix soit fixé ou tout au moins qu'il ne soit pas au pouvoir de l'une d'elles d'en élever ou d'en abaisser le chiffre. Le vœu de la loi et ses prescriptions sont d'accord avec la volonté probable des parties qui sont censées avoir voulu agir en connaissance de cause ou, du moins, restreindre leurs engagements à une certaine limite. La controverse renaît lorsqu'on se demande quel est le sens exact du mot *certum* et quelle étendue on peut lui donner. Qu'arrivera-t-il si les parties sont convenues de s'en rapporter, pour la fixation du prix, à un tiers chargé d'en déterminer le montant à une époque ultérieure? Faut-il voir là un prix certain, suffisamment déterminé, et, par conséquent, maintenir comme vente le contrat ainsi conclu, ou, s'appuyant sur ce qu'une condition essentielle fait défaut, nier l'existence même de la vente? Telle est la question sur laquelle, jusqu'au temps de Justinien, les jurisconsultes restèrent divisés. Mais la discussion a un caractère moins tranché, quant à la division des deux Écoles, et nous voyons Labéon et Cassius, deux chefs des Écoles opposées, s'accorder pour nous dire que dans l'espèce la vente n'existe pas et qu'il faut ranger le contrat qui a eu lieu parmi les contrats innommés. *Si ita inter eos convenerit, ut quanti Titius rem æstimaverit, tanti sit empta Labeo negavit ullam vim hoc negotium habere; quam sententiam Cassius probat.*

Mais telle n'était point l'opinion des jurisconsultes Offilius et Proculus qui soutenaient que la vente subsistait, malgré le choix fait par les parties d'un tiers pour en déterminer le prix; ils n'exigeaient pas que la fixation du prix dût nécessairement être concomitante à l'échange du consentement entre les parties, et qu'elle fût une condition essentielle à l'existence même de la vente. *Offilius et eam emptionem putat et venditionem, cujus opinionem Proculus secutus est* (1).

Par une saine interprétation des principes, et en envisageant la question à un autre point de vue, Justinien a mis fin à la controverse et posé les bases sur lesquelles s'appuie aujourd'hui la jurisprudence moderne. Il décide que la vente

(1) Gaius C. III p. 140 Oblig. ex cont. Cons.

existera conditionnellement, c'est-à-dire dans le cas seulement où le résultat prévu par les parties arrivera, où le tiers déterminera effectivement le prix de la vente. Si cette condition ne peut se réaliser, le contrat perd rétroactivement tous ses effets. La vente sera conditionnelle ou elle ne sera pas. *Quam decidentes sancimus eum hujusmodi conventio super venditione procedat, quanti ille æstimaverit, sub hac conditione stare venditionem, ut si quidem ipse qui nominatus est pretium definierit, omni modo secundum ejus æstimationem et pretia persolvi et venditionem ad effectum pervenire.... sin autem vel ipse noluerit, vel non potuerit pretium definire tunc pro nihilo esse venditionem quasi nullo pretio statuto* (1).

Justinien fait au louage l'application de cette décision, en déclarant que dans une semblable espèce, il n'y aura qu'un contrat conditionnel. *Quod etiam in hujusmodi locatione locum habere censemus.* Notre Code civil s'est assimilé l'esprit de ces décisions, et l'art. 1592 n'est que la reproduction de la doctrine de Justinien. « Le prix de la vente peut cependant être laissé à l'arbitrage d'un tiers. Si le tiers ne veut ou ne peut faire l'estimation, il n'y a pas de vente. »

(1) Code L. 15 *De contrah. empt.*

Dissidence relative au contrat de louage.

I

Locatio operarum sans prix.

On sait que le contrat de louage consiste, comme la vente, dans deux obligations réciproques, dont l'une est le paiement d'une somme d'argent appelée *merces*. Cette *merces* doit être *certa*, c'est-à-dire connue et déterminée à l'avance, sans quoi on ne peut voir dans ce contrat, comme nous le dit Justinien, qu'une location conditionnelle.

Mais qu'arrivera-t-il si, en dehors de toute stipulation de prix et en réservant pour plus tard le règlement du salaire, on a donné à un tailleur une pièce de drap pour être transformée en vêtement? C'est l'exemple que citent les textes (1), mais la question pourrait se présenter pour toutes matières auxquelles une main-d'œuvre quelconque doit donner une forme utile. Faut-il voir un louage de service *locatio operarum*? ou n'est-ce qu'un contrat *sui generis*, rentrant dans la classe des contrats innommés? C'est un louage, disaient les Sabiniens, et la circonstance que le prix n'a pas été fixé dès le principe n'est pas suffisante pour enlever au contrat son caractère original.

(1) Gaius III p. 143 *in fine*.

C'est bien un louage que fait l'artisan de son temps et de son habileté, et dans la nature même du travail donné à faire, il y a, conformément aux usages, un moyen facile d'apprécier l'obligation dont sera tenu le propriétaire du drap. D'après les Proculiens, au contraire, on ne pouvait y voir qu'un contrat innommé puisqu'il lui manquait une des conditions essentielles du contrat de louage, la fixation à l'avance d'un prix, une *merces certa*. Ils en tiraient, comme conséquence, que ce contrat ne pouvait donner lieu qu'à l'action civile *in factum præscriptis verbis*, l'action *conducti* ou *locati* devant être écartée. Cette opinion, la plus juridique, n'a pas eu de peine à prévaloir, et Justinien y donne son adhésion dans les Inst. par. I. « *Non propriè locatio et conductio contrahi intelligitur sed eo nomine actio præscriptis verbis datur*.

Une autre controverse, au sujet de laquelle la division des deux Écoles est toutefois moins tranchée, nous est rapportée par Cassius. Il faut supposer le cas où l'ouvrier fournit à la fois et la matière et son travail. Les textes citent l'exemple d'un orfévre qui s'engage à faire des anneaux d'une certaine dimension et moyennant un prix fixé au préalable, avec un métal qui lui appartient. On s'était demandé s'il fallait considérer ce contrat comme une vente pure et simple et n'avoir en vue que la matière fournie, ou bien si, au contraire, en la laissant de côté et s'attachant au travail seul de l'artiste, y voir simplement un louage de service. Disons, tout de suite, que l'opinion qui prévalut fut que c'était une vente véritable, vente affectée de conditions spéciales sur la forme à donner à l'objet vendu, mais dont l'effet n'était en rien d'en altérer le caractère. Gaius, et d'accord avec lui, les Institutes font foi du triomphe de cette opinion; mais ils nous apprennent, et c'est en cela que la question nous touche, que Cassius, un des plus célèbres Sabiniens, considérait ce contrat comme ayant une double face et y voyait à la fois une vente et un louage (1). *Cassius ait materiæ quidem emptionem venditionem contrahi, operarum autem locationem et conductionem.*

II

Services réciproques.

Une autre question qui divisait les deux Écoles sur cette même matière du louage était de savoir si on devait considérer comme contrat de louage la stipulation des services réciproques. *Vel si rem tibi utendam dederim et invicem aliam rem utendam acceperim, quæritur an locatio et conductio contrahatur* (2). Une personne livre sa chose à une autre pour qu'elle puisse en tirer un usage

(1) Gaius C. III p. 147.
(2) Gaius C. III p. 144.

quelconque, moyennant quoi cette autre personne s'engage elle-même à procurer en retour l'usage d'une chose à elle appartenant. Des deux côtés, il y a obligation de faire jouir : il y a deux *locatores* en présence, et le prix est représenté chez les deux parties par l'équivalent de jouissance qui est procurée. On ne peut voir, à coup sûr, rien qui ressemble à un prêt à usage, puisque le contrat est essentiellement à titre onéreux. Mais faut-il y voir un louage ? Ainsi pensaient les Sabiniens admettant que, dans ce fait d'une prestation réciproque, on pouvait trouver la représentation véritable du prix de louage ou *merces*. Les Proculiens résistaient à cette assimilation, et comme plus haut, se fondant sur ce qu'un prix véritable faisait défaut, ils ne voulaient y voir qu'un contrat innommé, se formant non pas *solo consensu* mais *re*; comme conséquence, ils accordaient l'action *præscriptis verbis*, la seule à laquelle les parties seraient en droit de recourir pour garantir mutuellement l'exécution du contrat. Comme dans l'espèce précédente, c'est l'opinion proculienne qui fut préférée, et nous en trouvons la consécration aux Institutes « *et placuit non esse locationem et conductionem, sed proprium genus esse contractus.*

Dissidence relative au mandat.

C'est un principe vrai, en droit romain comme en droit français, que le mandataire doit se tenir dans les limites exactes de son mandat : *Diligenter igitur fines mandati custodiendi sunt, nam qui excessit aliud quid facere videtur*(1). A ce propos, on s'est demandé dans deux espèces relatées aux Institutes, quel serait le sort du mandat en présence des agissements du mandataire et quelles en seraient les conséquences à l'égard du mandant.

Un premier cas est prévu sur lequel aucune difficulté ne peut être soulevée. Si ayant reçu mandat de se porter caution de Titius pour une somme qui ne doit pas excéder cent sous d'or, le mandataire le fait pour une somme plus forte, il n'est pas douteux que, pour le surplus, il n'aura pas droit à l'action *mandati contraria*. Mais, d'un autre côté, on ne saurait raisonnablement lui refuser le bénéfice de cette même action pour le recouvrement de ses déboursés, jusqu'à concurrence de la somme qui limitait son mandat. « *Rogatus ut fidejuberet, si in minorem summam se obligavit, recté tenetur si in majorem, Julianus veriùs putat, quod a plerisque responsum est, eum qui ma-*

(1) L. 5 pr D *Mandati*.

jorem summam quam rogatus erat fidejussisset, hactenùs mandati actionem habere quatenùs rogatus esset : quia id fecisset, quod mandatum ei est : nam usquè ad eam summam in quam rogatus erat, fidem ejus spectasse videtur qui rogavit.

Justinien paraît avoir, dans les Institutes, confondu cette espèce avec la suivante, dans laquelle un tiers a été chargé de se rendre acquéreur d'un fonds de terre, moyennant une somme de cent sous d'or. Le mandataire a encore outrepassé son mandat et acheté pour une somme plus forte ledit fonds de terre. La question sur laquelle existe la controverse, est celle de savoir si l'action *mandati contraria* sera à la disposition du mandataire jusqu'à concurrence de la somme à lui fixée par son mandant, ou si, au contraire, toute action lui sera refusée, même pour cette somme. On ne peut l'entrevoir sous une autre face, car il est évident que pour la somme qui excède le mandat, c'est un risque qu'a voulu courir le mandataire, et la loi n'a pas à lui porter secours. Les Sabiniens, représentés par leurs chefs les plus éminents, Sabinus et Cassius, nient que le mandataire ait droit à aucune action ; « *non habebis mecum mandati actionem etiam tanti velis mihi dare fundum, quanti emendum tibi mandassem : idque maximè Sabino et Cassio placuit.* » La situation n'est plus, en effet, la même que dans l'espèce prévue plus haut. En décidant autrement, le mandant se trouverait à la merci de son mandataire, qui pourrait, au gré de son intérêt, faire l'abandon de la somme déboursée en plus, ou ne pas consentir à se dessaisir du marché.

Les Proculiens étaient d'opinion opposée, et ils admettaient que jusqu'à concurrence de la somme à laquelle se limitait le mandat, le mandataire aurait une action. Un passage de Gaius inséré dans le Digeste (1) en fait mention, mais en outre que Gaius y est représenté comme reniant ses maîtres, le sens dans lequel il est conçu donne à penser qu'il aura été l'objet, de la part des rédacteurs du Digeste, d'une correction identique à celle dont les Institutes portent l'empreinte : « *Sed Proculus rectè*, y lisons nous, *cum usque ad pretium statutum acturum existimat; quæ sententia sanè benignior est.* » C'est cette dernière opinion que Justinien, à tort, selon nous, a adoptée et consacrée dans les Institutes. Vainement a-t-on essayé de justifier son choix; vainement a-t-on dit que, par là, Justinien évitait au mandataire l'infamie *(fama)* qui résultait à Rome d'un mandat inaccompli ou mieux accompli frauduleusement; ce raisonnement tombe devant la connaissance que nous avons que l'infamie ne frappait que le mandataire coupable et non celui qui, malheureux et de bonne foi, s'était efforcé de rester dans les limites de son mandat, en dehors desquelles seule une impossibilité constatée l'avait entraîné.

(1) L. 4 D *Mandati*.

Remarquons en terminant que le mandat est un contrat dans lequel tout se doit juger *ex æquo et bono* et que si, par conséquent, le mandataire arrivait à prouver, soit d'après les faits eux-mêmes, soit d'après les circonstances, qu'il n'a pu vouloir agir dans son intérêt et dans le but de faire sienne l'opération dont il avait été chargé, peut-être pourrait-on admettre l'opinion des Proculiens et donner une application logique à la décision de Justinien.

DISSIDENCE RELATIVE AU PAIEMENT D'UNE CHOSE POUR UNE AUTRE : *aliud pro alio.*

Le paiement, *solutio*, qui figure au premier rang parmi les modes d'extinction des obligations, n'est autre chose, nous le savons, que l'accomplissement même de ce qui est dû. Ce qu'on doit payer, c'est donc la chose qui a fait l'objet de l'obligation et que les parties ont eu en vue, lors du contrat. Mais il peut arriver que le débiteur offre au créancier, pour sa libération, une chose autre que celle qui était due, *aliud pro alio*. C'est ce qui se passe quand, *a priori*, les parties sont convenues que cette faculté serait laissée au débiteur, de se libérer par la prestation de quelqu'autre chose laissée, comme on disait en droit romain, *in facultate solutionis*. En dehors de ce cas prévu ou à défaut d'une stipulation expresse, il faut que le créancier donne son consentement à cet arrangement. Jusque-là aucune difficulté ne se présente. Mais où la controverse surgit, c'est lorsqu'il s'agit de savoir quel sera l'effet de cette *datio in solutum*, au point de vue de la libération du débiteur ? Les jurisconsultes s'étaient demandés si elle opérait *ipso jure* et s'il se trouvait libéré comme par un paiement ordinaire ? Gaius nous le rapporte en ces termes : « *Quæritur si quis consentiente creditore aliud pro alio solverit, utrum ipso jure liberetur, an ipso jure maneat obligatus, sed adversùs petentem exceptione doli mali defendi debeat.* La première de ces opinions appartient aux Sabiniens : *Quod nostris præceptoribus placet*, ajoute, en effet, Gaius ; tandis que les Proculiens s'étaient fait les défenseurs de l'opinion opposée, ainsi que nous l'apprend encore Gaius par ces mots : *Quod diversæ scholæ auctoribus visum est.* Le débiteur, soutiennent ces derniers, reste obligé par le lien de droit, sauf à se défendre par l'exception de dol, au cas où il aurait à repousser une nouvelle demande de son créancier.

Les Sabiniens, au contraire, mettent sur la même ligne le paiement proprement dit et la *datio in solutum*. Leur opinion prévalut comme la plus équitable, et nous en trouvons la preuve dans ce passage des Institutes qui ne laisse aucun doute sur la pensée de son rédacteur : *tollitur omnis obligatio solutione ejus quod debetur vel si quis, consentiente creditore, aliud pro alio solverit* (1).

L'influence de cette controverse se fait sentir dans deux textes que les commentateurs ont en vain essayé de concilier, sans comprendre que les difficultés qu'ils rencontraient n'étaient qu'apparentes et qu'ils n'avaient devant eux que les conséquences de la division des deux écoles. Il s'agit du cas où le créancier est postérieurement évincé de la chose qui lui a été donnée en paiement. Ainsi, dans l'hypothèse où un créancier gagiste se trouverait évincé du gage qu'il a obtenu, Ulpien nous dit qu'il n'aura pas l'action *pigneratitia contraria*, mais une action utile : « *Videtur finita esse pignoris obligatio et a contractu recessum. Imò utilis ex empto accommodata est quemadmodùm si pro soluto ei res data fuerit ut in quantitatem debiti ei satisfiat vel in quantum ejus intersit et compensationem habere potest creditor si fortè pigneratitià vel alià causâ cum eo agetur* (2). Tandis que Marcien, d'un autre côté, prétend que le créancier évincé conserve son action primitive et qu'il faut faire abstraction complète de la *datio in solutum* : « *Si quis aliam rem pro alià volenti solverit et evicta fuerit res, manet pristina obligatio. Et si pro parte fuerit evicta, tamen pro solido obligatio durat; nam non accepisset re integrâ creditor nisi pro solido ejus fieret* (3).

(1) Instit. Tit. 29 pr. *Quib mod Oblig. toll.*
(2) L. 21. D. *De Pigneral.* act.
(3) L. 46 pr. D. *De Solutione.*

De là des discussions nombreuses et qui n'ont pu aboutir à mettre en harmonie des textes inconciliables. Les uns, et à leur tête Cujas, ont voulu qu'Ulpien eût écrit dans l'hypothèse où le créancier avait reçu un objet quelconque à la place de la somme promise, *rem pro pecunià*, tandis qu'au contraire l'hypothèse où se serait placé Marcien serait le cas où la chose promise ne consistait pas dans une somme d'argent, d'où la *datio in solutum* aurait eu lieu *rem pro re*. Cette donnée paraît séduisante au premier abord, si on ne se heurtait à un texte de Paul, qui, dans une circonstance analogue, suppose qu'une hypothèque a été accordée par un beau-père à son gendre, en garantie de la dot promise, sur un bien déjà affecté à d'autres créances, et que finalement il lui donne en paiement de ladite dot. Si le gendre se trouve évincé, Paul nous apprend que bien que, dans l'hypothèse prévue, il y ait eu dation de *res pro pecunià*, néanmoins il pourra avoir recours à l'action *ex dotis promissione* : « *Ac si statuliberum remve sub conditione legatam, dotis nomine pro filià pater solvisset : harum enim rerum solutio non potest, nisi ex eventu liberare scilicet quo casu certum erit remanere eas.* »

D'autres explications ont été fournies, mais aucune ne cadre aussi bien avec les principes que celle que nous avons donnée tout d'abord. N'est-il pas naturel de penser qu'ils ont été écrits sous l'empire de deux opinions différentes : les uns conformément aux décisions de l'école sabinienne, qui accordaient à la *datio in solutum* le même effet qu'au paiement lui-même ; tandis que, s'inspirant des idées proculiennes, les autres textes portent l'empreinte de la manière de voir de cette dernière école, pour laquelle le paiement seul a pour effet de libérer *ipso jure* le débiteur. Un contrat nouveau, prétend-on dans cette opinion, intervient entre les parties, à savoir une vente véritable dont la somme ou la chose primitivement due est, en quelque sorte, le prix. Rien d'étonnant à ce qu'on accorde dans ce cas, l'ancienne obligation étant éteinte, l'action *utilis ex empto*. Au lieu de faire un choix entre les deux opinions en présence, les compilateurs insérèrent ces textes sans s'apercevoir qu'ils étaient entre eux contradictoires, et Justinien lui-même n'échappa pas à cette erreur.

DISSIDENCE RELATIVE A LA NOVATION PAR ADJONCTION D'UN *sponsor*.

On sait que le cautionnement, sous les Romains, s'exprimait sous diverses formes, de *sponsio*, de *fidepromissio* et de *fidejussio*, la seule usitée sous Justinien. Or, la question suivante s'était élevée : L'adjonction ou le retranchement d'un *sponsor* ou d'un fidéjusseur opère-t-il novation ? Gaius nous rapporte la controverse en ces termes : « *Sed si eadem persona sit a quâ postea stipuler itâ demùm novatio fit, si quid in posteriore stipulatione novi sit, fortè si conditio, vel dies aut sponsor adjiciatur aut detrahatur. Sed quod de sponsore dixi non constat; nam diversæ scholæ auctoribus placuit, nihil ad novationem proficere sponsoris adjectionem aut detractationem* (1).

Ainsi donc, les Sabiniens admettaient la novation; les Proculiens la repoussaient. Justinien a consacré l'opinion des premiers, toutefois en remplaçant le mot *sponsor*, dont se servait Gaius, par le mot *fidejussor*. A propos de cette substitution, une discussion très-vive s'est élevée entre les Romanistes modernes. Suivant les uns, la *sponsio* ne pouvait intervenir ni avant ni après le contrat principal, mais devait être concomitante avec sa formation; et c'est la nécessité de renouveler l'obligation principale elle-même qui explique que la controverse ait pu naître sur la question de savoir s'il y avait ou non novation. Mais les défenseurs de cette opinion ne l'appuient d'aucun argument sérieux, et, d'un autre côté, on ne saurait la concilier avec l'existence d'une *prædictio* dont parle Gaius, et que le *sponsor*, qui s'engageait à l'avance, était en droit d'exiger pour limiter sa responsabilité. *Cautum est ut is qui sponsores aut fidepromissores accipiat, prædicat palàm et declaret et de quâ re satis accipiat et quot sponsores*

(1) Gaius C. 3 p. 177-178.

aut fidepromissores in eam obligationem accepturus sit (1).

Il est plus probable que Gaius et Justinien ont eu en vue le même cas et la même idée qu'ils ont rendue par des termes différents. Gaius s'est servi du mot *sponsor* comme d'une expression générale désignant un *adpromissor* quelconque, et Justinien a donné le même sens au mot *fidejussor*. Cette confusion n'est pas sans précédent, nous en avons la preuve aux Institutes, *de mandato* aux par. 1, 3 et 4. Il nous importe peu, du reste, puisque nous repoussons la différence signalée entre le *sponsor* et le *fidejussor*, et que nous prétendons que la *sponsio sequi potest aut præcedere obligationem*, comme toute fidéjussion. Quant à cette phrase des Institutes sur laquelle s'appuient nos adversaires pour baser la théorie que nous avons combattue, elle n'a, sans doute, d'autre portée que de marquer les différences qui séparent la fidéjussion, d'une part, du pacte de constitut qui ne peut intervenir qu'après coup et, d'autre part, du *mandatum pecuniæ credendæ* qu'on ne peut concevoir que précédant l'obligation.

Pour revenir à notre point de départ, l'opinion sabinienne consacrée par Justinien a prévalu en ce sens que, dans le fait d'ajouter ou de retrancher un fidéjusseur, les parties pourront, à leur gré, voir ou ne pas voir de novation. Cela est su-

(1) Gaius III 123.

bordonné à leur volonté. Ce droit, les Proculiens le leur refusaient formellement, en niant qu'il pût, dans l'espèce, y avoir novation. Ces errements ont été en quelque sorte suivis par notre législation moderne, et la volonté des parties fait la loi en matière de novation. On peut, à l'appui de notre opinion, faire remarquer qu'un terme peut être ajouté sans qu'il y ait novation et que, cependant, les Institutes nous disent qu'on peut en voir une: « *Itâ demùm novatio fit si dies adjiciatur.* » Ce qu'on peut dire du terme, on peut le dire du gage. Comme la fidéjussion, en effet, il peut intervenir après coup : « *Sive pura est obligatio, vel in diem, vel sub conditione, et sive in præsenti contractu sive etiam præcedat* (1).» Et Justinien pose en principe qu'un gage donné a pour effet de nover l'obligation : « *Si quis, vel aliam personam adhibuerit, vel mutaverit, vel pignus accesserit...* »

DISSIDENCE RELATIVE A LA PERTE DE LA CHOSE DUE.

Si servus petitus, vel animal aliud demortuum sit, sine dolo malo et culpâ possessoris pretium non esse præstandum plerique aiunt. Sed est veriùs si fortè distracturus erat petitor, si accepisset, moram passo debere præstari : nam si ei restituisset dis-

(1) Marcien L. 5 D. de pign. 20-1.

traxisset et pretium esset lucratus (1). En lisant attentivement ce texte d'Ulpien, nous y trouvons les traces d'une controverse qui divisa les deux écoles. La question, comme on le voit, était celle-ci : si la chose revendiquée vient à périr pendant le débat engagé, sans qu'il y ait lieu d'imputer au défendeur un dol ou une fraude, on s'est demandé si le prix n'était pas dû au demandeur, en se fondant sur ce que ce dernier était dans l'intention de vendre la chose; si, au moment même où le procès fut engagé, lors de la *litis contestatio* par conséquent, elle lui eût été restituée sans conteste. Les Sabiniens étaient d'avis que le demandeur n'était pas en droit d'exiger la valeur, du moment que le défendeur était exempt de dol et qu'aucune faute ne pouvait lui être reprochée. Les Proculiens, au contraire, soutenaient que, même dans ce cas, on devait compenser pour le revendiquant, la perte de sa chose, compromise par la résistance du défendeur et cela sans distinguer la bonne ou la mauvaise foi de celui à qui il s'était adressé. Une décision aussi absolue ne put prévaloir et l'empereur Adrien, comme le rapporte Paul au Digeste (2), en parlant de la pétition d'hérédité, a su, avec un juste discernement, fixer la place à chacune de ces opinions, toutes deux vraies dans leur principe. « *Quid enim si*

(1) L. 15. p. 3 D, de reiv. G-l.
(2) L. 40 D. *de Hered* petit.

post litem contestatam mancipia aut jumenta aut pecora deperierint? Damnari debebit secundum verba orationis, quia potuit petitor, restitutâ hereditate, distraxisse ea. Et hoc justum esse in specialibus petitionibus Proculo placet; Cassius contrà sensit. In prædonis personâ Proculus rectè existimat, in bonæ fidei possessoribus Cassius; nec enim debet possessor aut mortalitatem præstare; aut propter metum hujus periculi temerè indefensum jus suum relinquere. » Ainsi il admet l'opinion de Proculus, dans le cas de la mauvaise foi du possesseur qui, par son injuste résistance, a empêché le demandeur de tirer parti de sa chose. Se trouve-t-on, au contraire, en face d'un tiers de bonne foi, qui avait un juste motif de se croire propriétaire et dont, par conséquent, la résistance ne peut être qualifiée d'injuste, c'est l'opinion de Cassius qui prévaut. Avec cette nuance toutefois qu'on ne devrait pas appliquer cette décision équitable au défendeur qui, bien que de bonne foi à l'origine, a dû, par la force même des choses au moment de la *litis contestatio, post judicium acceptum*, reconnaître son erreur et perdre ses illusions ; en un mot, ce dernier devrait être assimilé au possesseur de mauvaise foi.

C'est à l'opinion des Sabiniens qu'Ulpien se réfère quand il nous dit : *pretium non esse præstandum plerique aiunt.* Il suppose la bonne foi et l'absence de dol ou de faute chez le possesseur. Mais, dans la seconde phrase de son texte, *moram passo debere præstari*, il vise le cas où le défendeur était en demeure et le rend, à bon droit, responsable du retard apporté dans la restitution de la chose; ce qui a une grande analogie, du reste, avec l'hypothèse prévue par Adrien et dans laquelle il consacre l'opinion de Proculus. Or, la demeure ne consiste pas dans une résistance justifiée : *qui sine dolo malo ad judicium provocat non videtur moram facere*. Celui qui est en demeure, est nécessairement en faute; et il devra, sans aucun doute, payer le prix de la chose périe, qu'il y ait ou non intention chez le demandeur de revendre; à moins, conformément au droit commun, qu'il ne prouve que la chose eût également péri chez le demandeur; même dans ce cas, s'il était reconnu que ce dernier était en position de se défaire de la chose, de façon à prévenir l'accident qui devait la frapper, le défendeur serait responsable, et la valeur serait due.

DISSIDENCE RELATIVE A LA REVENDICATION.

Le possesseur doit-il être absous s'il a cessé de posséder ?

Nous ne trouvons que des traces un peu vagues de la controverse qui a divisé sur ce sujet les deux écoles. Toutefois nous avons tout lieu de croire que le texte de Paul a été altéré par les rédacteurs du Digeste et qu'effectivement les jurisconsultes, qui soutenaient une opinion contraire à celle de Proculus, ne pouvaient appartenir qu'à l'école sabinienne. Il s'agit de savoir à quel moment doit posséder le défendeur et quelle influence peut exercer sur l'issue du procès la circonstance que ce dernier ne posséderait plus au moment du jugement, ou que le fait de sa possession serait postérieur à la *litis contestatio*. *Possidere autem aliquis debet utique et litis contestatæ tempore et quo res judicatur*. Telle est la règle générale. Mais une première dérogation y est faite: *Quod si litis contestationis tempore possedit, quum autem res judicatur, sine dolo malo amisit possessionem, absolvendus est possessor* (1). Ce premier point ne peut souffrir de difficultés : il est de toute évidence que si, avant l'époque du jugement, et par une cause quelconque, le défendeur venait à cesser de posséder, alors qu'aucun dol ne peut lui être imputé, dans ce cas il n'y a place pour aucune condamnation et le juge doit l'absoudre. C'est ainsi qu'Ulpien (2) nous dit, à propos de l'action *ad exhibendum* : *Si quis, quum judicii accepti tempore possideret, posteà sine dolo malo desierit possidere, absolvi eum oportet*, et, pour qu'il soit bien constant qu'il faut qu'aucune faute, si légère qu'elle soit, ne puisse lui être imputée, il ajoute :

(1) L. 27. p, 1 D. *de rei v*. 6-1.
(2) L. 7. p. 5. D *ad exhib*..

quamvis sit, inquit Pomponius, quod ei imputetur, cur non statim restituit sed passus est secum litem contestari.

Nous avons vu, en nous occupant de la perte de la chose due, que cette circonstance n'aurait d'effet contre lui qu'autant que sa bonne foi aurait dû nécessairement cesser dès le début de l'instance et d'après les allégations du demandeur. Ce point éliminé, Paul continue et s'exprime de la manière suivante : « *Item si litis contestatæ tempore non possedit, quo autem judicatur possidet, probanda est Proculi sententia, ut omni modo condemnetur. Ergo et fructuum nomine, ex quo cœpit possidere damnabitur.*

La deuxième hypothèse prévue s'énonce ainsi : Le défendeur ne possédait pas au moment où l'instance a été introduite, mais il vient à posséder au cours des débats et c'est dans cette situation qu'il se trouve vis-à-vis du jugement. Sera-t-il condamné ou absous ?

Telle est la controverse que l'on entrevoit à travers les lacunes du texte. Suivant une première opinion, que nous attribuons aux Sabiniens, le défendeur aurait été absous dans ce cas là ; ils devaient se fonder sur cette idée que, du moment où la demande s'adressait, dans le principe, à quelqu'un incapable d'y satisfaire, elle ne pouvait rétroactivement valoir ; au moment de la *litis contestatio*, une condition essentielle était que le défendeur possédât, sinon il ne pouvait être condamné à la suite d'un procès sans cause et auquel la principale condition d'existence manquait. C'était au demandeur à intenter une nouvelle action, basée cette fois sur la possession actuelle du défendeur. Proculus, au contraire, soutenait que, dans tous les cas, *omnimodo*, contrairement, sans doute, à des distinctions faites par ses adversaires, le défendeur devait être condamné. S'il était, en effet, en position de restituer, pourquoi différer la condamnation ? Qu'importait à la régularité de la procédure qu'au début de l'instance, l'allégation du demandeur se fût trouvée fausse, si la suite du procès venait à lui donner raison ? Ce serait autrement éterniser le procès et occasionner des frais inutiles. Qu'il en soit différemment dans l'hypothèse inverse, c'est-à-dire au cas où c'est le droit de propriété du demandeur qui ne vient à naître que postérieurement, on le comprend sans peine et l'intérêt du défendeur exige même qu'on remette à une nouvelle instance l'issue du procès. Cette décision proculienne que Paul consacre a pour elle l'appui d'Ulpien (1) qui, en matière de pétition d'hérédité résout la question dans le même sens. De même Gaius nous dit, *loco citato* : « *Si modo id fine dolo ejus acciderit, absolvi debet, quod ad eas res quas desiit possidere* (2). Enfin, citons

(1) L. 18 p. 1 D, *de Hered. petit.*
(2) L. 41 D. *de Hered. pet.*

en dernier lieu, le témoignage d'Ulpien qui s'exprime ainsi au sujet de l'action *ad exhibendum* : (1) « *Si quis non possideat litis contestatæ tempore, sed postea, ante sententiam possidere cœperit, oportere dici putamus debere condemnari nisi restituat.* »

DISSIDENCE RELATIVE A L'ACTION PUBLICIENNE.

Dans la loi, p. 4, au Digeste, *de publiciana in rem actione*, deux hypothèses sont prévues : Dans le premier cas, on suppose que quelqu'un, non propriétaire, a vendu la même chose à deux acquéreurs de bonne foi, et on s'est demandé, le débat s'élevant entre ces deux acheteurs, auquel on devait donner la préférence. Sur ce point, aucune difficulté ne s'est élevée, et tout le monde admet que celui auquel la chose a été livrée le premier doit être préféré. « *Si duobus quis separatim vendiderit bonâ fide ementibus, videamus quis magis publicianâ uti possit : utrum is cui priori res tradita est an is qui tantum emit.* » Ces derniers mots ont donné lieu à diverses interprétations de la part des auteurs modernes : les uns ont voulu les traduire par celui qui a acheté seulement le premier, mais qui a négligé de se faire livrer la chose, ce qui nous paraît exclure toute idée d'action publicienne ; d'autres, avec plus de raison, selon nous, y ont vu le cas où il s'agit de celui

(1) L. 7. p. 4 D. *ad exhib.*

qui a acheté, il est vrai, le premier, mais qui n'a que ce titre là, n'ayant été mis en possession que le dernier. Ainsi, c'est celui qui a le premier reçu la chose entre ses mains, dont la situation sera trouvée préférable, conséquence facile à déduire des principes mêmes de la vente : si nous supposons, en effet, le vendeur propriétaire, dès qu'il a abdiqué tous ses droits en faveur du premier acheteur, comment comprendre qu'il ait pu transférer au second acheteur une propriété qu'il n'avait plus ? Il est, en outre, garant vis-à-vis de son premier acheteur, et celui-ci aurait la faculté de le repousser, lui ou son ayant cause, second acheteur, par les exceptions de dol, *doli mali* ou *rei venditæ et traditæ*. La circonstance que le vendeur n'était pas propriétaire n'aurait pas pour effet de modifier ce résultat : l'obligation de garantie subsisterait. Or, si on suppose que le premier ait perdu sa possession, le vendeur ne peut néanmoins livrer à un second acheteur qu'une possession avec les mêmes vices qui l'affectent entre ses mains.

Mais sur le second point les Écoles sont divisées : il y a toujours deux acheteurs, mais ils tiennent chacun la chose d'un vendeur différent, non propriétaire. Les Sabiniens donnent ici une solution identique à celle de la première hypothèse : *et Julianus libro septimo Digestorum scripsit ut, si quidem ab eo non domino emerint, potior sit cui priori res tradita est ; quod si a diversis non dominis, melior causa sit possidentis quam petentis.* Telle est l'opinion de Julien, un des disciples de l'école sabienne. Ulpien y donne son adhésion, *quæ sententia vera est.* La vente faite par l'un des deux vendeurs est vis-à-vis de l'autre acheteur *res inter alios acta* et réciproquement. On s'expliquerait mal l'influence que pourrait avoir l'époque de la tradition. C'est au fait seul de la possession qu'il y a lieu de s'attacher, car les deux contrats sont parfaitement distincts l'un de l'autre. Cependant, telle n'est pas la décision de l'école proculienne en pareil cas, et nous voyons, dans un texte de Nératius (1), qui la représente, *sive ab eodem emimus sive ab alio atque alio, is ex nobis tuendus est, qui prior jus ejus apprehendit, hoc est qui primùm tradita est.* Les deux hypothèses sont confondues; et c'est au fait de la tradition qu'il s'attache pour régler la préférence dans les deux cas. C'est en vain que les interprètes ont essayé de concilier ces deux textes: les uns ont prétendu que Nératius raisonnait dans l'hypothèse où le débat ne serait pas engagé entre les deux acheteurs; mais celle où ils auraient eu à lutter l'un et l'autre contre un tiers possesseur. On saisit difficilement la raison qui rendrait préférable celui qui aurait été le premier en possession. D'un autre côté, les mêmes jurisconsultes ont eu à parler d'une hypothèse semblable en matière de

(1) L. 31 p. 2 D. *de act. empti.*

pétition d'hérédité et de revendication : ce serait les mettre en contradiction avec eux-mêmes que de leur attribuer une pareille pensée, alors surtout que sur ces points leur accord n'est pas douteux. Enfin, dans un cas identique, Paul donne, en matière hypothécaire, une solution analogue et établit la même distinction, lorsque la même chose a été donnée en gage à deux personnes différentes ou lorsque le gage émane de deux débiteurs différents : « *Si non dominus duobus eamdem rem diversis temporibus pignoraverit, prior potior est, quamvis si a diversis non dominis pignus accipiamus possessor melior sit* (1). »

C'est avec raison que l'opinion de Julien triompha dans la pratique, et ce n'est qu'à une erreur ou un oubli des rédacteurs du Digeste que l'on peut attribuer l'insertion du texte de Nératius, en désaccord avec les décisions plus juridiques de l'école sabinienne.

DISSIDENCE RELATIVE A L'ACTION NOXALE.

Le caractère de noxalité est celui qu'affectent les actions pénales quand la loi permet au maître contre lequel elles sont données, soit de payer des dommages-intérêts, soit de faire l'abandon de l'esclave cause du délit : « *Noxales actiones proditæ sunt quibus domino damnato permittitur aut*

(1) L. 14 D. *qui potiores in pign.*

litis æstimationem sufferre aut hominem noxæ dedere. » Le mot *nocere,* d'où l'action noxale tire son étymologie, indique qu'il faut qu'un dommage ait été commis par un esclave envers un tiers : *Noxa autem est corpus quod nocuit, id est, servus.* » Ces actions puisent leur origine dans une idée de faveur pour le maître : « *Nam erat iniquum nequitiam eorum ultra ipsorum corpora dominis damnosam esse.* (1) » De cette idée même qu'il est juste que l'esclave ne puisse pas commettre un délit dont la réparation excède sa propre valeur, il s'ensuit que l'application de l'action noxale viendrait à cesser, si, au lieu d'un dommage causé à un tiers, on se trouve en présence d'un délit, que nous appellerons domestique, c'est-à-dire commis aux dépens du maître lui-même. La situation est changée : l'action ne peut naître sans cause. Il est de principe, en effet, qu'aucun lien d'obligation ne peut exister entre un maître et son esclave ; nous en trouvons une application frappante en cas de vol commis par un fils de famille ou un esclave à l'encontre du père ou du maître. Bien qu'il y ait eu un *furtum* véritable, néanmoins, en raison des liens spéciaux de la puissance paternelle ou dominicale, il n'y aura lieu à aucune action : *sed furti actio non nascitur, quia nec ex aliâ ullâ causâ potest inter eos actio nasci.* (2)

(1) Instit. Liv. 4 Tit 8 *de nox. act.*
(2) Instit. Liv. 4 Tit. 1 § 12 *de Oblig. ex del.*

Et cependant il est si vrai que le *furtum* existe c'est que si quelqu'autre a été complice du délit ou l'a favorisé de ses conseils, celui-là sera tenu de l'action : « *Si verò ope consilio, alterius furtum factum fuerit, quia utique furtum committitur, convenienter ille furti tenetur, quia verum est ope, consilio ejus furtum factum esse.* » En outre, toutes les conséquences ordinaires du vol se produiront : il ne pourra y avoir lieu à aucune usucapion pour l'objet volé, tant qu'il ne sera pas purgé de ce vice par son retour en la possession du propriétaire. Nous pourrions pousser plus loin les applications de notre principe et faire remarquer qu'un mari dontla femme s'est rendue coupable d'un détournement d'objets mobiliers, n'a pas contre elle l'action *furti*, mais une action spéciale, *rerum amotarum*, qui n'entraînait point avec elle l'infamie. De même, aucune action de vol ne pouvait prendre naissance entre un affranchi ou un client et son patron.

La circonstance que l'esclave aurait quitté la maison de son maître et serait venu sous la domination d'un autre, n'aurait pas pour effet de faire naître rétroactivement l'action contre le nouveau propriétaire de l'esclave. Ce dernier, eût-il été affranchi postérieurement, n'avait aucun recours à craindre de la part du maître qui avait eu à souffrir de son délit, *ideoque etsi in alienam potestatem pervenerit aut sui juris esse cœperit, neque cum ipso neque cum eo cujus nunc in potestate est agi potest* (1). Mais où la controverse commence, c'est lorsque l'on vient à supposer, dans l'hypothèse inverse, que l'esclave d'un tiers qui a causé le dommage vient, par une circonstance quelconque, à passer sous la puissance de celui à qui il en est encore dû réparation. Que va-t-il se passer et quel sera le recours du nouveau propriétaire? Il n'est pas douteux d'abord que son droit va se trouver anéanti et paralysé; car la situation est telle qu'il n'aurait pas pu naître si *a priori*, elle se fût trouvée la même : « *Quia in eum casum deducta sit in quo consistere non potuit.* » Elle est comme si elle n'avait jamais été. Cela étant donné, nous en déduirons logiquement cette conséquence qu'un événement postérieur serait incapable de la faire revivre. Ainsi, en admettant que l'esclave quittant le *dominium* de ce nouveau maître vienne une fois de plus à passer sous la puissance d'un autre, l'action noxale éteinte pour toujours ne saurait retrouver sa force, ni être d'aucun secours entre les mains du maître lésé. Ainsi pensait l'école Sabinienne et avec elle Gaius qui nous le rapporte en ces termes : « *Undè quæritur si alienus servus filiusve noxam commiserit mihi et is postea esse in meâ cœperit potestate utrum intercidat actio an quiescat. Nostri præceptores intercidere putant, ideoque licet exierit de meâ potestate agere me non posse* (2). »

(1) Gaius C. 4. § 78.
(2) Gaius C 4 p. 78.

Telle n'était pas la doctrine des Proculiens, ils pensaient peut-être avec plus de raison, que l'action pendant ce temps n'était qu'endormie, que sa force était en suspens, sauf à revivre, si, par une circonstance ultérieure, la situation qui s'opposait à son exercice venait à se modifier. « *Diversæ scholæ auctores quamdiu in meâ potestate sit, quiescere actionem putant, cùm ipse mecum agere non possum, cum vero exierit de meâ potestate tunc eam resuscitari.* » En un mot, l'action noxale résuscite, si l'esclave vient à sortir de la puissance du maître qui avait primitivement droit à cette action.

Peut-être pourrait-on reprocher au système des Sabiniens d'affirmer d'une façon trop absolue un principe qui n'est point toujours vrai en droit romain, en matière d'obligation, à savoir : que le lien de droit doit s'évanouir si la situation devient telle que l'obligation n'eût pas pu prendre naissance : « *Placet extingui obligationem si in eum casum inciderit a quo incipere non potest.* » Il est des cas où l'on peut citer des exceptions à cette règle. Supposons, en effet, que quelqu'un ayant stipulé la chose d'autrui, devienne propriétaire de cette même chose d'une autre manière, *aliùnde*. Verrons-nous là une stipulation nulle, en nous fondant sur ce que l'objet de la stipulation doit nécessairement être une *res aliena*? Nous la considèrerions comme nulle, en effet, mais dans un seul cas, celui où les deux causes de l'acquisition ont été lucratives, et non dans l'hypothèse inverse. Pour que le bénéfice de la stipulation soit acquis au stipulant, il suffit qu'il y ait eu un des actes fait à titre onéreux. Voici donc une hypothèse où l'obligation, loin de s'évanouir, subsiste dans toute sa force, et il n'est pas impossible d'y voir une certaine analogie avec l'espèce qui nous occupe. On peut trouver un autre exemple dans un texte de Paul (1) qui, posant en principe qu'un associé est sans droit pour stipuler *viam, iter actum ad fundum communem*, ajoute cependant, *et tamen si is qui stipulatus fuerat duos heredes reliquerit non extinguitur stipulatio, et per partem dominorum servitus adquiri non potest.....*

Malgré l'autorité certaine que gagne à ces rapprochements l'opinion des Proculiens, ce n'en fut pas moins la doctrine sabinienne qui prévalut. Justinien l'adopta dans ses Institutes, et il ajoute qu'il en serait de même dans le cas où un esclave aurait souffert de la part de son maître un dommage quelconque; en supposant que cet esclave devienne ensuite libre, il n'y aura lieu à aucune action contre le maître de la puissance duquel il est sorti..... *ideoque licet exierit de tuâ potestate agere non potes..... Quemadmodum si dominus servum suum aliquid commiserit, nec si manumissus aut alienatus fuerit servus, ullam actionem contra dominum habere potest.*

(1) L. 140 p. 2 *De verb. Oblig.*

Dissidence relative a l'effet absolutoire des jugements.

Si, ante rem judicatam, is cùm quo actum est satisfaciat actori, officio judicis convenit eum absolvere, licet judicii accipiendi tempore in eâ causâ fuisset ut damnari debeat; et hoc est quod ante vulgo dicebatur, omnia judicia absolutoria esse. Toutes les actions sont absolutoires, c'est dans ce sens que Justinien a fixé la doctrine. Deux hypothèses sont prévues : ou le défendeur obéit à l'injonction du juge qui ordonne, *ut rem restituat vel exhibeat, vel solvat, vel ex noxali causâ servum dedat*, comme cela se passe dans toutes les actions arbitraires ; dans ce cas, c'est le juge lui-même qui désigne le genre de satisfaction qui doit être donnée au demandeur ; ou bien, de son propre mouvement, le défendeur reconnaissant le bon droit de son adversaire, accède à ses prétentions dans les formes mêmes où il les a émises, *post acceptum judicium*, après la litiscontestation. C'est surtout en vue de cette dernière espèce, qui embrasse toutes les actions en général, que Justinien a pu dire : *omnia judicia sunt absolutoria.* Mais c'est aussi sur ce dernier point qu'il y avait controverse entre les deux Ecoles. Les Sabiniens soutenaient que toutes les actions devaient avoir un effet absolutoire, sans qu'il y ait aucune distinction à faire, qu'il s'agisse d'actions de bonne foi, comme d'actions de droit strict, d'actions *in rem*, comme d'actions *in personam*. Du moment que le défendeur, après la litiscontestation, mais avant le prononcé de la condamnation, avait acquiescé à la demande et donné toute satisfaction au demandeur, qu'était-il besoin d'édicter une peine dépourvue de raison d'être? Dans tous les cas, le juge devait absoudre. « *Nostri præceptores absolvere eum debere existimant; nec interesse cujus generis sit judicium : et hoc est quod vulgo dicitur Sabino et Cassio placere; omnia judicia esse absolutoria* (1). »

Les Proculiens n'étaient pas aussi décisifs. Loin d'admettre que cet effet devait se produire dans toutes les actions, ils le restreignaient au cas où on se trouvait en présence d'une action de bonne foi ou d'une action *in rem* : « *Diversæ autem scholæ auctores de bonæ fidei judiciis idem sentiunt ..... tantumdem etiam de in rem actionibus putant.* »

Les auteurs modernes signalent toutefois un texte de Paul, inséré au Digeste, qui paraît affirmer l'opinion de l'école proculienne, et qu'il faut plutôt attribuer à l'inadvertance des compilateurs byzantins qu'à un parti pris de consacrer la décision des Proculiens. « *Si insulam fieri stipulatus sim, et transierit tempus quo potuerit facere;*

(1) Gaius C. IV. p. 114.

quamdiu litem contestatus non sim, posse te facientem liberari placet; quod si jam litem contestatus sim, nihil tibi prodesse si ædifices (1). »

Que faut-il conclure des effets pratiques de l'opinion proculienne? C'est que le défendeur, malgré la satisfaction donnée, devait exécuter la condamnation pour l'honneur des principes, sauf à répéter; à moins qu'il ne pût opposer l'exception de dol à l'action *judicati* : car il y a dol à réclamer ce qu'on a déjà. Aussi n'hésitons-nous pas à reconnaître plus sensée l'opinion sanctionnée par Justinien.

(1) L. 84 D. *De verb. obligat.* 45-1.

DEUXIÈME PARTIE

DROIT FRANÇAIS

De la revendication en matière civile

DEUXIÈME PARTIE

DROIT FRANÇAIS

De la revendication en matière civile.

CHAPITRE PREMIER.

S'il est un droit fondamental écrit dans la raison et dans la conscience de l'homme, un droit sur lequel repose la société toute entière, c'est le droit de propriété. Tire-t-il son principe et sa source du droit naturel? Prend-il naissance dans cette faculté d'appropriation donnée à l'homme et partie intégrante de ses instincts? Le droit de propriété doit-il, au contraire, être considéré comme une institution civile, une création de la loi? Autant de points de vue différents auxquels se sont placés les philosophes et les publicistes, autant de questions diversement jugées par eux. Les uns, comme J.-J. Rousseau, Mably,

Proudhon, ont nié la légitimité de ce droit par l'appropriation. Les autres, tels que Montesquieu, Bentham, Benjamin Constant, sans nier cette légitimité, ont prétendu que la propriété prenait sa source dans les institutions civiles. D'autres enfin, comme Locke, Jouffroy, Cousin, Troplong, F. Bastiat, soutiennent avec fondement, nous le pensons, que la propriété est un droit antérieur et supérieur à toute loi positive. Il faut reconnaître, dès lors, que le droit de propriété est un droit naturel, ou constitue du moins une dérivation essentielle de ce droit. Les règles en sont tracées dans la loi positive ; mais l'homme les trouve dans sa raison et sa conscience. Le rôle du législateur à l'égard du droit de propriété, c'est de le définir, de le réglementer, de le protéger, et non de le créer.

Or, parmi les moyens que le législateur met à la disposition du propriétaire pour faire reconnaître et sanctionner son droit, le plus important, à coup sûr, c'est l'action réelle (*actio in rem*) de revendication. On peut la définir : L'action par laquelle on réclame une chose dont on se prétend propriétaire et qu'on ne possède pas.

Avant d'en déterminer les caractères, il nous paraît utile de tracer en quelques lignes l'historique de cette action en droit romain, et de rechercher au moyen de quelles transformations successives elle est venue jusqu'à nous. A cet effet, nous devrons distinguer les différentes époques qu'embrasse la procédure romaine. Sous l'empire des actions de la loi, une somme déposée ou promise par les parties constituait l'enjeu du procès et était perdue par celui qui succombait, pour être acquise au trésor sacré ou public. C'est l'action *sacramenti* symbolique et sacerdotale.

Sous le système formulaire, les plaideurs ont le choix entre les deux formes spéciales aux actions réelles : la formule *per sponsionem* et *per formulam petitoriam*. On se rapproche beaucoup, dans le premier cas, de l'action *sacramenti*. C'est encore un pari engagé, une somme stipulée en cas de perte, stipulation qui n'intervient, du reste, que pour permettre au juge, saisi de la question d'obligation, de résoudre en même temps la question de propriété; le fond du procès n'est jugé en quelque sorte que d'une manière incidente. Car le gagnant n'exige plus réellement cette somme du défendeur, et le but, dès lors, ne serait pas atteint, si on n'y trouvait jointe accessoirement une autre stipulation appelée *pro prœde litis et vindiciarum* par laquelle le défendeur s'engageait, au cas où il succomberait sur la *sponsio* préjudicielle, à rendre la chose principale et ses fruits.

Dans l'action *per formulam petitoriam*, la procédure change complétement, le magistrat délivre une formule, et renvoie devant l'*unsus judex*, après que le défendeur a fourni la caution *judicatum solvi*, qui garantit au demandeur que son adversaire se soumettra au jugement, défendra à l'instance, et s'abstiendra de tout dol. Si cette garantie ne pouvait être fournie, les rôles se trouvaient intervertis, et le revendiquant mis en possession par l'interdit *quem fundum* rejetait sur le défendeur le fardeau de la preuve ; on appela plus tard cette action, arbitraire, lorsque le juge eût le droit d'ordonner la restitution en nature, avant de prononcer une condamnation pécuniaire, que seule pouvait motiver la résistance du défendeur, et son refus d'obéir aux injonctions de rendre la chose, avec ses fruits et accessoires. Il est à remarquer que dans cette hypothèse, les lois romaines autorisent l'emploi de la force publique, *manu militari*, pour arriver à l'exécution de la sentence, ou se bornent à permettre au demandeur, si la restitution est impossible par le dol du défendeur, de fixer sous la foi du serment, l'évaluation des dommages-intérêts auxquels il prétend, avec ou sans maximum posé par le juge. (Pellat, *de la Revendication, contrà* de Savigny.)

La formule *per sponsionem* tomba peu à peu en désuétude, et la formule pétitoire fut seule employée. Plus tard, enfin, à l'époque du système extraordinaire, l'action de revendication peut, comme toutes les autres actions, être portée directement devant le magistrat sans aucune stipulation et sans l'emploi d'une formule. Cette action s'appliquait tant aux choses corporelles qu'aux choses incorporelles en remarquant, toutefois, que dans ce dernier cas, elle prenait le nom d'action confessoire ou de pétition d'hérédité. S'il s'agissait de choses mobilières, et qu'elles ne fussent pas représentées par le possesseur, on intentait l'action *ad exhibendum* tendant à faire représenter la chose, condition préalable de la revendication. Se trouvait-on en présence d'un objet corporel réuni par adjonction à un autre objet, la revendication n'était admise que lorsque l'adhésion avait cessé; et c'était par cette même action *ad exhibendum* qu'en en obtenait la séparation.

L'action de revendication, en passant dans notre ancien droit, subit peu de changements quant au fond. Toutefois, l'action *ad exhibendum* ne se donne plus comme action préalable à la revendication, dans le cas où la chose que réclame le demandeur se trouve adhérer à celle d'un tiers. Pothier cite à ce sujet l'article 444 de la Coutume d'Orléans, ainsi conçu : « En Cour laye, l'action à fin d'exhiber, ni l'exception de deniers non comptés n'ont lieu. » L'ancienne action *ad exhibendum* est remplacée pour les meubles par la procédure de l'*entiercement*, qui présente avec elle une certaine analogie et qui consistait dans la saisie de l'objet susceptible d'être revendiqué, et son dépôt ou sequestre entre les mains d'une tierce personne. C'est dans les lois germaniques, dans les lois ripuaires qu'on trouve l'origine de l'entiercement; puis, nous remarquons dans la Coutume d'Orléans (art. 451) : « La chose mobilière étant vue à l'œil, peut être entiercée, sauf le droit d'autrui. En cas d'opposition, les biens arrêtés demeureront en justice.» Et il résulte de l'article 455 de cette même Coutume, qu'il n'est pas besoin de permission du juge pour faire entiercer la chose qu'on prétend être sienne, quand on la trouve dans un lieu public; il suffit d'avoir recours à un huissier. L'autorité de justice n'est nécessaire que lorsqu'il faut l'aller chercher dans la maison d'autrui. Le but de cette procédure d'entiercement était, comme on le voit, d'empêcher que le détenteur d'un objet mobilier pût le soustraire aux réclamations légitimes du véritable propriétaire. Aussi, pour les immeubles, ce moyen de procéder eût été sans objet. La demande en revendication immobilière s'introduisait par un exploit ordinaire d'ajournement; remarquons, cependant, que dans notre très-ancien droit, le défendeur pouvait opposer à la demande l'exception de *vues* et *montrées*, d'après laquelle le juge assignait les parties à jour et heure fixes, sur le lieu contentieux, pour que le demandeur fût obligé de montrer et faire voir à son adversaire le terrain qu'il voulait revendiquer. Cette exception, qui date d'une ordonnance de Philippe VI, de l'an 1334, fut abolie par l'ordonnance de 1667 (titre 7, art. 3), qui prescrit : « Que les demandeurs soient tenus de déclarer par leur premier exploit, le lieu où l'héritage est situé, sa consistance, ses tenants et aboutissants, etc..., en sorte que le défendeur ne puisse ignorer pour quel héritage il est assigné. »

Quant aux principes qui régissaient, en droit romain, la restitution de la chose revendiquée, ils passèrent sans transformation dans le droit français. Il en fut de même de la distinction entre le possesseur de mauvaise foi et le possesseur de bonne foi, ainsi que des conditions auxquelles ce dernier acquérait les fruits par lui perçus. Toutefois, en ce qui concerne l'exécution même du jugement ordonnant le délaissement de la chose, l'ordonnance de 1667 (titre 27, art. 1) prescrivait un délai de quinze jours à compter du jugement signifié, à peine d'une amende de deux cents livres. Et en outre, le juge était tenu de fixer un autre délai pour la liquidation à faire par le possesseur des sommes qui pouvaient lui être dues, en raison des dépenses nécessaires ou d'amélioration qu'il aurait faites sur la chose.

CHAPITRE II.

DE LA NATURE DE L'ACTION DE REVENDICATION.

SECTION I.

De ses différences avec les actions possessoires.

Le Code civil règle en général les rapports d'intérêts privés. Ces rapports sont de deux sortes : des créances ou des droits réels. — La créance, *jus in personam* chez les Romains, suppose un débiteur déterminé dont les biens sont le gage général du créancier ; pour réaliser cette créance, la loi lui donne une action dite personnelle, parce qu'elle est limitée aux biens du débiteur et doit subir la concurrence de tout autre créancier. Le droit réel, *jus in rem*, consiste dans l'affectation spéciale de certains biens et dans un droit de préférence vis-à-vis de toute personne. Comme tels, on peut citer d'abord et essentiellement la propriété, puis le gage, l'antichrèse, l'hypothèque, la servitude, l'usufruit, l'usage ; pour l'exercice de ces droits, la loi a créé une action dont le terme général est revendication.

Le droit de revendication constitue donc un droit réel, mobilier ou immobilier suivant l'objet : *immobilis est actio quæ tendit ad quid immobile, mobilis quæ tendit ad quid mobile.* Ce caractère lui reste, lors même que le possesseur pourrait être condamné à des dommages-intérêts. L'article 526 la range dans la classe des immeubles par l'objet auquel ils s'appliquent, quand c'est un immeuble dont il s'agit. Par elle, on conclut à la remise de la possession corporelle et de la détention matérielle d'une chose, sur laquelle on prétend un droit de propriété : à ce propos, gardons-nous de la confondre avec une autre action, dont le but pourrait paraître identique, avec l'action possessoire.

L'action possessoire tend elle aussi à la possession d'une chose, à laquelle on prétend avoir droit. Mais si, à ce point de vue, leur identité semble parfaite, leur cause du moins est essentiellement différente, et les principes qui les font naître sont tout à fait opposés. Lorsqu'on intente une action pétitoire, la possession réclamée n'est que la conséquence d'un droit supérieur que l'on invoque, le droit de propriété. Quand, au contraire, on introduit une action possessoire, on demande aussi à ce que la possession d'une chose vous soit attribuée, mais on le fait à un autre titre, à celui de possesseur seulement, et non en qualité de propriétaire. — Il y a cela de particulier que celui qui agit au possessoire, semble invoquer le fait même de la possession qu'il a perdue, ou qu'il est menacé de perdre pour s'en faire un titre à la possession qu'il réclame. C'est qu'on a confondu ici, comme on le fait dans la langue, le droit lui-même résultant d'une possession antérieure, environnée des formes prescrites par la loi, avec la possession considérée comme le fait matériel de la détention.

La séparation entre ces deux actions pétitoire et possessoire, devient plus profonde encore au point de vue de la preuve qu'on exige des demandeurs. Dans l'action en revendication, il faut prouver qu'on est propriétaire ; dans l'action possessoire il suffit de prouver qu'on a possédé pendant le temps et avec les conditions requises.

Il n'existe qu'une seule action pétitoire, alors que les actions possessoires se divisent en deux branches distinctes ; d'un côté, la réintégrande qui suppose une dépossession violente, d'un autre côté la complainte, par laquelle on réagit contre le trouble apporté par un tiers, c'est-à-dire contre tout fait dommageable qu'il a commis sur la chose d'autrui à titre de propriétaire ou de possesseur légal.

De plus, si nous parcourons les diverses conditions que la loi exige pour les actions possessoires, nous verrons que pas une d'elles ne s'applique au pétitoire. C'est d'abord, comme condition de fait, la spoliation ou le trouble ; comme condition de droit, il faut posséder actuellement, si on se trouve dans le cas de la complainte ; ou justifier d'une possession antérieure, si c'est de l'action de réintégrande qu'il s'agit. La loi exige, en outre, que la possession soit annale, et qu'elle ait certains caractères énoncés par l'article 23 Code de procédure; la preuve de la possession annale n'est du reste à la charge du demandeur que dans le cas de complainte, ainsi que le décide une jurisprudence constante. En matière de réintégrande, cette preuve n'est pas nécessaire.

Enfin, quant aux objets auxquels ces actions s'appliquent, nous constaterons une différence bien marquée entre le pétitoire et le possessoire. Tandis que l'action de revendication proprement dite s'applique en général à toute espèce de choses, meubles ou immeubles, le possessoire n'a trait qu'aux immeubles. Quant aux meubles, en effet, il est assez rare de rencontrer la propriété et la possession séparées, puisque toutes les fois que le possesseur est de bonne foi, l'article 2279 fait obstacle à cette séparation. Nous placerons-nous dans l'hypothèse prévue par ce même article *in fine*, dans ces deux cas d'exception qu'il apporte au principe précédemment exprimé, la perte ou le vol, nous trouverons bien définies les limites qui séparent le possessoire du pétitoire. Quelle preuve, en effet, exigera-t-on de celui qui aura été victime du vol, ou qui aura éprouvé la perte? Une seule, celle de sa possession antérieure. La loi moins rigoureuse présume la propriété, et la question sur ce point ne sera pas soulevée.

Cependant, de ce que nous avons dit qu'en fait de meubles, il n'y avait nulle distinction à faire entre le pétitoire et le possessoire, il n'en faudrait pas conclure qu'en aucun cas, les actions possessoires ne peuvent s'appliquer aux meubles. Il faut resteindre aux meubles pris isolément la portée de notre affirmation : car les actions possessoires peuvent être exercées, selon nous, quand il s'agit d'universités de meubles, comme une succession mobilière. C'est du moins ce qu'admettait d'une manière constante notre ancienne jurisprudence (ordonnance de 1667.—Coutume de Paris art. 97). En est-il de même aujourd'hui ? Notre code de procédure et la loi de 1838 sont, il est vrai, muets à ce sujet : mais il n'en faut pas conclure à une prohibition, et bien que l'intérêt de la question soit aujourd'hui moindre qu'autrefois, en raison des attributions spéciales dont les meubles étaient l'objet pour certaines classes d'héritiers, nous pensons que rien ne s'opposerait à ce qu'un légataire des meubles troublé dans sa possession, puisse dans l'état actuel de notre droit exercer l'action de complainte.

Mais il est inutile d'insister davantage sur cette dernière action, qui, comme nous l'avons vu, s'écarte absolument de l'action de revendication. Nous rentrons, au contraire, dans notre sujet en appuyant sur l'action de réintégrande qui présente une grande analogie avec l'action qui nous occupe, puisque le demandeur, dans les deux cas, est privé de sa possession. De plus, si en droit on peut concevoir parfaitement la propriété et la possession distinctes l'une de l'autre, en fait du moins, cet état de choses constitue une sorte d'anomalie. Le plus souvent, le possesseur sera le véritable propriétaire, et il nous faut rechercher s'il n'y aura pas intérêt pour ce dernier, dépouillé d'une façon violente de sa possession, à laisser de côté la question de propriété et à intenter simplement l'action possessoire de réintégrande pour recouvrer la détention de l'immeuble dont on l'a expulsé par force. En effet, si l'action de revendication est la plus efficace, elle est de beaucoup la plus périlleuse ; il faut tenir compte des difficultés que présentera toujours la preuve de la propriété, alors même qu'elle paraît le mieux établie. En matière de réintégrande, rien de semblable n'existe : il n'est besoin tout au plus que d'*alléguer* qu'on a possédé pendant l'an et jour, que la possession a été continue, non interrompue, paisible, publique, non équivoque et à titre non précaire. Ce sera à l'adversaire à prouver la fausseté de ces allégations (art. 23, Cod. de proc., et 2228, C. civ. combinés). Le résultat sera moins sûr, il est vrai, car la question de propriété restera pendante et pourra faire l'objet d'une nouvelle demande : le pétitoire ne sera pas entamé ! Au contraire, par l'action de revendication proprement dite, tout est jugé définitivement possessoire et pétitoire : aucune instance du moins, s'appuyant sur les mêmes causes, n'est à craindre. Mais si elle est plus effective que la réintégrande, combien, avec cette dernière, le triomphe sera plus facile.

Ajoutons qu'en vertu de la maxime encore en vigueur dans notre droit (1) : *Spoliatus ante omnia restituendus*, le propriétaire spolié recouvrera sa possession par la réintégrande : d'où pour lui l'immense avantage d'être déchargé du fardeau de la preuve qui pèsera de tout son poids sur l'adversaire. La haine que la loi porte à celui qui, par violence, prétend se faire justice à lui-même, est si forte, et telle est la présomption de propriété qu'elle attache à la possession, que le spoliateur alors même qu'il est prêt à faire la preuve de son droit, et qu'il demande à être écouté, doit, au préalable, restituer la chose qu'il détient illégalement et laisser à son adversaire le rôle de défendeur au pétitoire. L'importance de ce dernier point est telle, que c'est sur lui tout naturellement que se porteront d'abord les efforts des parties : ce qui revient à dire, en d'autres termes, qu'il y aura, préalablement à toute revendication, lieu à un débat sur le possessoire, pour définir le rôle que les plaideurs devront jouer dans l'instance. Conformément à ce principe qu'a-

(1) Cette règle est formellement admise par la civilisation moderne Code Hollandais art 609 Cod. de proc de Genève art. 961.

vant tout débat sur le pétitoire les choses doivent être remises dans leur état primitif, les législateurs français ont posé au Code de procédure civile, cette règle fondamentale : « Le possessoire et le pétitoire ne peuvent jamais être cumulés (art. 25). » Puis nous voyons dans l'art. 24, la loi s'opposer à ce que le procès porte sur le fonds du droit : le juge du possessoire doit s'abstenir de rien juger sur la propriété et se borner à statuer sur la possession. On n'a, du reste, fait que reproduire l'article 5 du titre 18 de l'ordonnance de 1667 qui consacrait ces règles. Les juridictions sont différentes, et il fallait prévenir, par une prescription spéciale, le concours des deux actions. Les actions possessoires sont de la compétence des juges de paix, tandis que les actions sur la propriété rentrent dans le domaine des tribunaux d'arrondissement.

Enfin, l'article 26 ajoute : « Le demandeur au pétitoire n'est plus recevable à agir au possessoire. » Toutes ces idées s'enchaînent naturellement : on a pensé, et avec raison, que le demandeur, en s'adressant directement au pétitoire, faisait par là même l'aveu tacite de son impuissance à prouver son droit à la possession, et consacrait à la fois, d'une façon manifeste, le droit préférable de son adversaire à cette même possession. Si, d'un autre côté, le demandeur voulait abandonner l'instance engagée au possessoire pour recourir à l'action de revendication proprement dite, l'instance au possessoire serait périmée de plein droit. Supposons, d'autre part, que le tiers qui s'est rendu coupable de la spoliation veuille repousser l'attaque du demandeur par une action intentée au pétitoire ; l'article 27 prévoit ce cas et s'oppose à l'emploi de ce moyen de défense avant que la question de possession ait été jugée, et que par conséquent il ait rendu la chose au possesseur auquel il l'avait ravie. Les parties sont donc réciproquement impuissantes à transporter le débat sur un autre terrain.

En raison du caractère distinctif qui sépare ces deux questions de possession et de propriété, on aurait pu croire, en effet, conformément au droit commun, qu'elles auraient pu être intentées concurremment. Mais il n'en est rien : que le défendeur s'exécute d'abord, et qu'il satisfasse à la condamnation prononcée, sauf toute liberté pour lui d'intenter ensuite telle action que bon lui semblera. La loi, du reste, réserve pleinement le cas où l'une des parties entraverait par dol ou mauvaise foi la marche de l'instance et la liquidation des dommages-intérêts accordés par le jugement.

Le droit du défendeur sera, du reste, sauvegardé, en ce sens que celui auquel le jugement possessoire a conféré la possession serait responsable de toutes dégradations par lui commises sur l'immeuble; sa situation est plutôt celle d'un gardien que celle d'un propriétaire, il devra en conséquence ne jouir de la chose que conformément à sa destination première, en s'abstenant de toute innovation ou jouissance excessive.

Autrement, le juge auquel serait soumise l'action en revendication aurait le pouvoir d'empêcher ces malversations en ordonnant la mise en sequestre de l'immeuble, ainsi que le permet l'article 1961, Cod. civ. Enfin, remarquons-le, la décision rendue au possessoire n'aura aucune influence sur l'action de revendication qui pourra être introduite par la suite; les éléments qui auront pu éclairer l'instance pourront être consultés par le juge du pétitoire, mais du moins aura-t-il le droit de repousser comme sans valeur les mêmes faits qui auront paru probants au juge du possessoire. (Cass. req. 25 janvier 1812.)

En se fondant sur cette règle que le possessoire et le pétitoire ne sauraient être cumulés, on a essayé de soutenir que le juge de l'action de revendication n'avait même pas le droit de tenir compte du fait actuel de la possession pour donner gain de cause au possesseur quand lui-même ne prouvait pas son droit de propriété. Un arrêt de Cassation (Cass., 25 mai 1840) a fait justice de cette prétention : il est évident, au contraire, que la possession, même en dehors de toute constatation judiciaire, pourra être prise en considération pour résoudre la question de propriété en faveur de celui qui en est nanti, surtout si l'adversaire ne peut lui opposer des titres ou une présomption préférable.

Il est vrai de dire qu'il n'est écrit nulle part dans la loi que la possession emporte présomption légale de propriété, dans le sens exact du mot, (1) néanmoins, le possesseur aura certainement gain de cause, en raison de la maxime : *Actore non probante, reus absolvitur*, si son adversaire ne réussit pas à lui opposer une présomption légale qui mette à néant l'induction raisonnable que l'on tire du fait de sa possession.

On peut se demander si le triomphe obtenu par le possesseur dans le jugement au possessoire est un obstacle à la restitution des fruits, alors que postérieurement, sur l'action de revendication, ce même possesseur a succombé. Nous ne le pensons pas : la loi ne lui accorde les fruits que s'il est de bonne foi. Or, cette bonne foi doit-elle nécessairement résulter du fait d'avoir gagné le procès sur le possessoire ? C'est là une question que n'a pas à résoudre le premier juge ; il n'a qu'une seule chose à constater, qu'il y a eu possession annale, en cas de complainte toutefois, selon nous, paisible, publique et *animo domini*. Quant à savoir s'il y a eu bonne ou mauvaise foi,

(1) A moins qu'on invoque l'art. 1404 qui reconnaît le caractère de propres aux immeubles *possédés* au jour de la célébration du mariage par l'un des époux, présomption favorable à la liquidation de la communauté.

c'est une circonstance qui ne peut influencer sa décision. Nous admettrons donc que le revendiquant aura le droit d'exiger les fruits perçus, en nous plaçant, bien entendu, dans l'hypothèse de la mauvaise foi du possesseur, et sans distinguer entre les fruits perçus avant le jugement possessoire ou ceux perçus depuis (1).

Mais ce même possesseur, que nous supposons toujours avoir triomphé au possessoire, devra-t-il, s'il vient à perdre son procès au pétitoire, restituer les dommages-intérêts et les dépens auxquels son adversaire a été condamné par le premier jugement ? Tel n'est pas notre avis ; les deux instances sont complètement distinctes ; le demandeur ne peut s'imputer qu'à lui-même d'avoir imprudemment intenté une action possessoire à laquelle il n'avait aucun droit.

Une dernière remarque : Avant la loi de 1867, qui l'a abolie, la contrainte par corps existait en matière d'action de revendication, comme en matière réintégrande, avec cette différence toutefois que, dans le premier cas, il fallait un second jugement pour en requérir l'application devant le refus du défendeur de désemparer le fonds revendiqué.

Sur le sujet qui nous occupe, le droit romain est passé par deux phases distinctes. Sous l'empire des actions de la loi, ce n'était qu'incidemment que la question de possession se présentait ;

(1) Bélime act. poss. N° 497.

car, jusqu'au moment où le préteur, après les formalités de la procédure accomplies, adjugeait la possession, il n'y avait à ce point de vue aucune différence entre les deux parties.

Ce ne fut que sous la procédure formulaire que le procès sur la possession, jugé au moyen des interdits *uti possidetis et utrubi*, nous est présenté avec le caractère qu'il a aujourd'hui, c'est-à-dire comme précédant toute revendication au pétitoire. Mais, s'il faut en croire Ulpien (1), nous devons penser que la règle posée dans notre Code de procédure était à Rome sans application, et qu'il était permis au demandeur au pétitoire d'abandonner son action en revendication pour intenter l'action possessoire.

Rappelons, en forme de conclusion, que ce ne sera qu'en dernier lieu, et à défaut de tout autre moyen, qu'il faudra intenter la revendication. C'est à celui qui se propose de revendiquer une chose, d'examiner avec soin s'il ne peut point s'assurer le rôle de défendeur, en se faisant restituer au préalable une possession qu'il aurait perdue ou qui lui aurait été ravie. Gaius lui-même nous donne ce conseil. (Loi 24, *Digeste, de rei vindicatione*).

(1) Ulpien. L. 12. p. 1. *de acq. poss.*

SECTION II.

De l'Action publicienne.

Pour obvier aux difficultés pratiques qu'entraînait avec elle la preuve de la propriété, les préteurs romains avaient inventé l'action publicienne : Cette action reposait toute entière sur la fiction suivante, à savoir que le demandeur au moment où il a perdu la possession de la chose qu'il revendique, aurait déjà accompli une usucapion qui en réalité n'était que commencée. On comprend, sans peine, la faveur dont cette action jouit en droit romain, et le plus souvent dans la pratique elle prit la place de la revendication. Elle passa sans difficulté dans notre ancien droit. « L'équité veut, nous dit Pothier, que celui qui était le juste possesseur d'une chose, soit préféré, bien qu'il ne fût pas encore propriétaire, à un usurpateur qui s'en est indûment emparé. » Ainsi, un titre portatif suffit pour l'exercice de cette action, mais elle ne peut réussir que contre des tiers absolument dépourvus de titres.

Si les deux parties se trouvaient dans une situation égale, on faisait prévaloir la règle : *in pari causâ melior est causa possidentis.*

Pothier cependant, cite deux cas, dans lesquels le possesseur de bonne foi devait triompher au moyen de l'action publicienne à l'encontre même du propriétaire véritable : la première hypothèse se présente quand, après consentement donné à la vente, le propriétaire refuse de faire la tradition; si on suppose néanmoins que l'acheteur vienne à posséder la chose, d'après les principes du Droit Romain sur la translation de la propriété, cette détention de fait sera insuffisante à lui procurer le domaine plein. — Aussi, que cet acheteur perde plus tard cette possession, il sera recevable en raison du dol du véritable propriétaire, à revendiquer la chose même contre lui. Dans la deuxième hypothèse, la possession perdue par le possesseur de bonne foi, passe à un tiers qui devient propriétaire de la chose ; mais ce dernier se trouve être lui-même le vendeur primitif ou un de ses ayants cause ; dans ce cas encore, le possesseur de bonne foi est admis à la revendication. Ces questions ne sauraient plus se présenter dans notre droit moderne, puisque le seul consentement en fait de vente transfère la propriété.

Mais reste-t-il des traces de l'action publicienne dans notre législation moderne ? Nous ne le pensons pas.

Il paraît bien évident que notre action pétitoire n'a plus aucun rapport avec l'action publicienne. L'action pétitoire constitue dans notre droit, une revendication véritable ; et en dehors des cas où la prescription serait acquise, on n'admettrait pas, comme cela se passait à Rome, sans que cela pût nuire à la cause du revendiquant, qu'il résulte des débats, la preuve que le demandeur avait acquis à *non domino*. C'est la propriété seule qui doit être l'objet de la demande en revendication; en dehors de ces limites, il n'y aurait pas d'action pétitoire.

Des auteurs modernes ont cependant soutenu qu'en l'absence d'un juste titre chez le possesseur, et en face de sa mauvaise foi, le revendiquant de bonne foi devait l'emporter, et que l'équité voulait que, dans la pratique, on ne puisse réclamer du revendiquant que la preuve d'un droit meilleur ou plus probable, que celui du défendeur. Ils ajoutent enfin que la croyance d'un juste titre, bien qu'erronée, équipolle au titre réel, si elle a un juste fondement. Tel n'est pas notre avis, et nous pensons que la preuve du droit de propriété ne saurait résulter d'une manière complète que de la production d'un titre translatif de propriété, accompagné de la justification du droit de l'auteur immédiat ou de ses prédécesseurs. Sur quels textes s'appuient les partisans de la publicienne? Est-ce sur l'article 549? Il n'a trait qu'aux fruits. Est-ce sur l'article 2267? En conclurait-on *a contrariò* que le titre putatif, mais non pas nul par défaut de forme peut servir de base à la prescription? Il faudrait décider que la prescription est encore nécessaire. Nous invoquerons toujours l'article 2265 qui exige pour la prescription par 10 ou 20 ans, bonne foi et juste titre, et ces deux conditions ne peuvent par elles-mêmes dans aucun cas suppléer à la possession par 10 ou 20 ans.

Le défaut de la publicienne est peut-être dans notre législation, une lacune regrettable, mais, reconnaissons-le, cette lacune existe.

SECTION III.

De la Pétition d'hérédité.

La différence était sensible, en droit romain, entre la pétition d'hérédité et la revendication. La revendication n'embrassait que les choses particulières; tout ce qui formait une universalité, c'est-à-dire un ensemble de biens et de droits, ne pouvait faire l'objet de cette dernière action, mais rentrait dans le domaine de la pétition d'hérédité ; le sénatus-consulte d'Adrien détermine d'une façon précise les droits que le demandeur acquiert par cette action.

Comme matière de revendication, la situation du défendeur change selon les cas : était-il de mauvaise foi, les résultats produits par ces deux actions sont identiques; le possesseur doit restituer au demandeur en pétition d'hérédité tous les fruits par lui perçus, et même lui tenir compte de ceux qu'il a omis de percevoir; de même doit-il répondre de toutes dégradations commises sur les biens de la succession; de même enfin, est-il tenu des cas fortuits, s'il ne peut établir que les choses aient péri également chez l'héritier véritable. Était-il de bonne foi, au contraire, l'analogie cesse entre les deux actions qui nous occupent : même dans cette hypothèse, le possesseur n'avait pas toujours droit aux fruits, en raison de la maxime *fructus augent hereditatem*. Il devait rendre, dans leur intégralité, tous les fruits existant au moment de la demande, et ceux déjà consommés, dans la limite de ce dont il s'en était enrichi, seul tempérament admis en sa faveur ; il fallait que les fruits perçus fussent pour lui une cause actuelle de richesse, pour que l'obligation de les restituer prît naissance ; mais il ne les faisait siens qu'à charge de restituer. La loi lui évitait une perte, mais n'autorisait aucun gain ; aussi, n'était-il pas responsable des dégradations commises : il lui suffisait de rendre les biens dans l'état où ils se trouvaient au moment de l'introduction de l'action.

Cette différence entre les possessions fut maintenue dans notre ancien droit. « Le possesseur, quoique de bonne foi, nous dit Pothier (1), est tenu, suivant les principes du droit romain, de compter à l'héritier, à qui il doit les biens de la succession, tous les fruits qu'il a perçus, depuis qu'il s'est mis en possession desdits biens ; mais il n'est tenu de ceux qu'il a perçus avant la litis-

(1) Pothier n° 430 de la propriété. Domat Lois civ. L. III Tit. 5 Sect. 3.

contestation que jusqu'à concurrence de ce qu'il s'est trouvé en profiter, et en être plus riche. » Cependant, on s'écarta du droit romain, lorsque la succession consistait en un capital mobilier, ou lorsqu'il avait converti en argent, au moyen d'une vente, les choses de l'hérédité. Il n'était soumis à la restitution, selon les principes romains, qu'autant qu'il en était encore plus riche au temps de la demande en pétition d'hérédité : il n'était donc pas responsable des sommes dissipées follement. Notre ancienne jurisprudence, sans doute pour éviter des recherches difficiles et fécondes en procès, n'admit pas cette distinction ; dès que le possesseur avait reçu un capital mobilier, il était censé, dans la pratique, avoir profité du prix en réalité, bénéfice que l'on supposait encore sensible, dans tous les cas, au moment de la pétition d'hérédité. Notre droit moderne est conforme à cette dernière jurisprudence.

Bien que le Code n'ait défini nulle part la pétition d'hérédité, en se reportant aux traditions de notre ancien droit, on doit dire que c'est une action réelle, à l'aide de laquelle un individu, se prétendant appelé à l'hérédité, demande d'être reconnu à ce titre, et revendique, en conséquence, tous les objets dont se compose cette hérédité contre ceux qui s'en sont indûment emparés, en se fondant, eux aussi, sur leur qualité de successeurs universels du défunt. En un mot, c'est l'action accordée au véritable héritier contre l'héritier apparent. Ce qui la distingue essentiellement de l'action de revendication ordinaire, c'est qu'elle compète seulement aux héritiers et qu'elle ne peut être donnée que contre ceux qui détiennent, en qualité de successeurs universels, tout ou partie de l'hérédité, de quelque façon qu'ils l'aient recueillie, que ce soit à titre de parents plus proches, ou à titre de cessionnaires de tous les droits successifs de l'héritier apparent : dans ce dernier cas, en effet, c'est le titre même d'héritier qu'ils ont acquis, et ils ne possèdent qu'en cette qualité. C'est pourquoi ils succèdent à l'obligation de restitution dont était tenu leur auteur. Mais il en serait autrement de celui qui posséderait à un chef différent des objets individuels faisant partie de l'hérédité, qu'il les ait acquis à titre onéreux ou par l'effet d'une donation; dans ce cas, l'héritier ne pourrait agir contre lui que par une action de revendication : du moment que le défendeur ne possède qu'à titre singulier, le droit commun reprend son empire. Mais il importe peu, du reste, que le défendeur qui s'arroge le titre de successeur universel ne détînt qu'un seul objet héréditaire : il y aurait lieu à l'action de pétition d'hérédité.

Qu'il s'agisse de pétition d'hérédité ou de revendication, les défendeurs, en matière immobilière, du moins, sont non recevables à exciper de leur bonne foi ou de celle de leurs auteurs; mais, tandis que le revendiquant doit prouver sa propriété et celle de ceux de qui il la tient, l'héritier qui réclame la succession, n'a qu'à établir sa qualité de parent du *de cujus*, s'il se trouve en face d'un étranger, ou un droit préférable et un rang plus proche, si le défendeur lui-même est parent. Les deux actions ont un résultat identique, en ce qui touche la restitution de la chose : le possesseur doit rendre tout ce dont se compose l'hérédité, ainsi que les accessoires et accessions encore existant, y compris toutes améliorations nées d'un événement naturel ou apportées par le possesseur. Comme dans l'action de revendication, que ce dernier soit de bonne ou de mauvaise foi, il a droit au remboursement des impenses par lui consacrées à des réparations nécessaires ou simplement utiles. De même, s'il est de bonne foi, il n'encourt aucune responsabilité pour les dégradations commises, tandis qu'il répond même des cas fortuits, si sa mauvaise foi est constatée. Cependant, à ce point de vue, certains auteurs (1), tout en réservant les cas de force majeure, ont voulu soutenir que le possesseur, même de bonne foi, devait rendre la chose en son état primitif, abstraction faite des changements apportés ou des dégradations commises. Ils induisent du silence que gardent les art. 137 et 138 au titre de l'absence, sur la restitution des biens

(1) Duranton Tit. 1 nos 500.-572. Toulier T. 9 p. 504. Troplong, Tit. II no 960.

en eux-mêmes, que seuls les fruits perçus appartiennent au possesseur et qu'il a été en conséquence, sans droit pour se conduire en véritable propriétaire : d'où, pour lui, l'obligation d'indemniser l'absent reparu, de toutes les détériorations dont il est l'auteur sur la chose qu'il restitue. On ne saurait invoquer, ajoutent ces auteurs, l'article 132 dont la portée est restreinte aux objets qui étaient déjà au pouvoir de l'absent, lors de sa disparition, ou de ses dernières nouvelles.

Nous ne pensons pas que cette opinion soit fondée, et ne saurions voir à ce sujet une différence entre l'action de revendication ordinaire et la pétition d'hérédité. En accordant expressément les fruits au possesseur, l'article 138 n'a eu en vue que d'affirmer l'existence de ce droit, contrairement à ce qui se passait en droit romain, et sous notre ancienne jurisprudence, ses termes n'ont pas eu d'autre but que d'abroger, sur ce point, les règles précédentes, ce qui prouve par *a contrariò*, que les législateurs ont entendu leur laisser force de loi, sur les autres questions.

La décision que nous repoussons blesserait en même temps la logique et l'équité ; nous opposera-t-on (1) qu'au titre des successions (art. 1042 et 1245), l'héritier, même de bonne foi, est tenu envers le légataire de son pur fait ; la situation est loin d'être identique. L'héritier, s'il a ac-

(1) Demol. Tit. 2 n° 222.

cepté purement et simplement, succède à toutes les obligations contractées par le *de cujus*, les eût-il ignorées; s'il est, au contraire, héritier bénéficiaire, il n'a plus que les pouvoirs d'un simple administrateur, responsable de toutes dégradations commises sur les biens confiés à sa garde. Cela se passait ainsi en droit romain, et dans notre ancien droit.

Nous dirons donc que dans le cas où le possesseur de bonne foi a aliéné, à titre onéreux, un objet dépendant de l'hérédité, il aura rempli toutes ses obligations en restituant le prix qu'il a touché, ce prix fût-il inférieur à la valeur de l'objet vendu; mais comme, d'un autre côté, il ne doit pas s'enrichir aux dépens du véritable héritier, il devra restituer la somme qu'il aura touchée, alors même qu'elle serait supérieure à la valeur de la chose aliénée. Il ne doit rien enfin, si l'aliénation a eu lieu à titre gratuit.

En ce qui concerne la restitution des fruits, notre droit n'établit plus de distinction, entre le possesseur d'une universalité juridique, ou celui d'un objet spécial. On a essayé cependant de soutenir que la règle *fructus augent hereditatem* conservait tout son empire, et que le possesseur, même de bonne foi, devait restituer tous les fruits dont il était devenu plus riche. Cette opinion a trouvé un arrêt en sa faveur (Bordeaux, 20 mars 1831). C'est en vain qu'on voudrait maintenir une telle différence entre la revendication et la pétition d'hérédité; une semblable assertion ne repose sur aucune base solide. Tout y répugne, le texte et l'esprit de la loi. Ce n'est pas à dire pour cela que la maxime dont il s'agit soit abrogée, mais du moins, ne peut-elle trouver son application, quand sont en jeu les rapports du tiers possesseur de bonne foi avec l'héritier véritable. Comme la revendication, la pétition d'hérédité se prescrit par 30 ans. Il faut remarquer, cependant, que l'hérédité n'étant pas susceptible d'une véritable possession, au moins comme universalité juridique, il n'y aura jamais lieu, pour le possesseur, à la prescription de la chose elle-même, par 10 ou 20 ans.

CHAPITRE III.

OBJET DE L'ACTION. QUELLES CHOSES PEUVENT ÊTRE REVENDIQUÉES.

L'action en revendication étant la sanction du droit de propriété, il est évident que toute chose qui peut être l'objet de ce droit doit pouvoir être revendiquée. Aussi peut-on réclamer par cette voie toutes les choses qui sont dans le commerce, mobilières ou immobilières. Et même l'on peut dire qu'elle s'applique à des choses qui, bien que en dehors du commerce, font partie intégrante de notre patrimoine. Les actions en réclamation d'état constituent de véritables actions en revendication. Ne peuvent au contraire faire l'objet d'aucune action de revendication les choses qui n'appartiennent à personne, telles que celles qui étaient en droit romain, *divini aut publici juris*. Il en est de même enfin de tout ce qui n'est point susceptible d'une appropriation privée. Et ce n'est pas seulement la propriété que notre action protége, ses démembrements y trouvent leur garantie comme la propriété elle-même. L'action dure autant que le droit. Or, quand un tiers est possesseur de notre chose à un titre quelconque, en vertu d'un contrat qui l'oblige à restituer, ou d'un quasi-contrat qui produit le même résultat, nous avons le droit d'opter entre deux actions, l'action personnelle née du contrat ou du quasi-contrat, et l'action réelle en revendication. Nous avons, en matière de délit, les deux mêmes actions : l'action personnelle née du délit ou du quasi-délit, qui se prescrit comme l'action publique, et l'action en revendication, qui ne se prescrit que par trente ans. C'est seulement de cette dernière action que nous avons à nous occuper.

SECTION I.

Accession immobilière.

Le droit d'accession a son fondement dans l'article 546, ainsi conçu : « La propriété d'une chose, soit mobilière, soit immobilière, donne droit sur tout ce qu'elle produit et sur tout ce qui s'unit, soit naturellement, soit artificiellement. La loi en fait un moyen d'acquérir et une conséquence directe du droit de propriété. Nous n'avons pas à rechercher dans l'histoire si ce droit comme moyen d'acquérir est de création récente, ni à discuter quelle en est la valeur philosophique. L'intérêt pour nous consiste à examiner l'influence qu'il pourra exercer sur la revendication.

Il existe en faveur du propriétaire une présomption générale qui lui donne la propriété des constructions, bâtiments, plantations, etc., qui adhèrent au sol. Ce n'est que l'application de l'ancien adage romain : *Omne quod solo inædificatur solo cedit.* Deux hypothèses sont prévues par le Code : en premier lieu, c'est le propriétaire du sol qui, avec des matériaux qui ne lui appartenaient pas, a fait des constructions, plantations ou ouvrages quelconques (art. 544, Cod. civ.). Le constructeur sera condamné à payer la valeur estimative de ces matériaux, mais le propriétaire n'aura pas le droit de les revendiquer; il subit dans l'espèce une sorte d'expropriation en vue de l'utilité générale. Ses matériaux, en outre, n'existent plus avec leur nature primitive : ils ont été transformés par l'emploi qu'on en a fait. Absorbés par le sol, ils ont perdu leur existence en tant que matériaux. On comprend de suite que la revendication sera impossible, et on peut citer à l'appui cette autre maxime latine : *Res extinctæ vindicari non possunt.*

Remarquons toutefois que si, par une cause quelconque, les matériaux dont il s'agit venaient à être effectivement séparés du sol, il n'y aurait pas de raison dans ce cas pour refuser la revendication. Ce droit, dans l'espèce, n'était pas douteux à Rome; car on admettait que la propriété n'avait pas cessé, lors même que le temps nécessaire pour usucaper se fût écoulé ; le constructeur avait bien pu usucaper le terrain et le bâtiment en tant qu'immeuble, mais non les matériaux en tant que choses mobilières. Aussi, le droit du maître des matériaux s'était seulement trouvé paralysé par des considérations d'un ordre supérieur, tant que leur confusion avec le bâtiment ou leur incorporation au sol avait continué. Mais du jour où ils avaient recouvré une existence indépendante, et cela avant le payement de l'indemnité au double qui lui était allouée par l'action *de tigno juncto*, on accordait sans difficulté la revendication. Cette décision a cependant rencontré dans notre droit des contradicteurs (1), et on a soutenu que le droit du propriétaire des matériaux ayant été éteint dès le principe, ne saurait revivre par la suite. Cette opinion pourrait peut-être trouver son application s'il s'agissait de plantations, car les arbres, en raison de leur croissance et de la transformation complète qu'ils subissent, perdent jusqu'à leur identité, et, dans ce cas, le propriétaire n'aurait aucun droit de revendication à invoquer à leur sujet (2). Mais en dehors de cette hypothèse spéciale, nous croyons que les principes du droit romain sont encore applicables de nos

(1) Duranton Tit. 4 n° 374. Duc. Bonn. et Roust. Tit. 2 n° 169.
(2) Demol. L. 2 Tit. 2 n° 663.

jours, et qu'on ne doit induire aucune prohibition du silence de la loi. Nous avons, bien entendu, réservé le cas où l'article 2270 serait applicable ; car alors les matériaux seraient devenus instantanément la propriété du constructeur de bonne foi.

Mais est-il nécessaire aujourd'hui, comme l'exigeait le droit romain et notre ancien droit, que les arbres aient poussé des racines dans le fonds même pour que leur propriétaire ait perdu le droit de les revendiquer ? Nous ne le pensons pas, en présence de la rédaction de notre article, qui ne fait aucune distinction. C'est leur incorporation au sol, c'est leur immobilisation qui fait perdre la propriété. Or, elle est effectuée suffisamment dès qu'ils ont été plantés. On arriverait autrement à des difficultés pratiques qui nous font repousser la nécessité d'une telle constatation (1).

L'article 555 s'occupe de la deuxième hypothèse, et présente au premier abord une anomalie qui paraît choquante : deux cas sont prévus : 1° Le tiers qui a construit avec ses matériaux sur le terrain d'autrui a été de mauvaise foi. Que se passera-t-il ? Le propriétaire qui revendique pourra exiger que les constructions soient détruites et que son terrain lui soit restitué dans son état primitif, sans indemnité pour le constructeur, et

(1) Demol. Tit. 2 n° 667. Marcadé Tit 3 p. 117.

à ses dépens. Ou il pourra, s'il le préfère, garder pour lui les travaux faits sur son terrain, en payant toute la dépense, sans avoir égard à la plus-value; 2° Ou le tiers constructeur a été de bonne foi et il arrivera ceci de bizarre que le constructeur, il est vrai, ne pourra jamais être forcé de démolir, et exigera toujours une indemnité, conséquence de sa bonne foi; mais le propriétaire, pour les constructions qu'il est obligé de garder, jouira de la faculté de payer, soit la dépense faite, soit la plus-value acquise, selon que son intérêt le lui commandera. Ainsi donc, tandis que dans le premier cas, c'est-à-dire en raisonnant dans l'hypothèse de la mauvaise foi du tiers, il n'aura qu'un parti à prendre, payer la dépense; dans le second cas, au contraire, alors que la bonne foi du constructeur semblerait devoir le rendre plus favorable aux yeux de la loi, le propriétaire aura le choix de rembourser la dépense ou de payer la plus-value. Cependant, et bien qu'en pure théorie il faille reconnaître que le tiers de bonne foi est moins bien traité que celui dont la mauvaise foi est constante, on arrive à justifier ce résultat, en faisant ressortir que, dans le second cas, la loi impose sa volonté au propriétaire, et qu'il eût été injuste de le forcer à payer un prix supérieur à la plus-value dont il devra profiter, puisqu'elle ne lui accorde pas la faculté de faire détruire les travaux faits par le possesseur de bonne foi.

D'un autre côté, comme il est évident que le constructeur ne peut prétendre à autre chose qu'à être rendu indemne, il suffit que le propriétaire lui rembourse les dépenses qu'il a faites. Il ne doit pas s'enrichir aux dépens du constructeur, mais son obligation ne peut dépasser ces limites. En fait, cette injustice apparente peut être considérablement réduite ; car, dans le droit qu'a le propriétaire de forcer le constructeur de mauvaise foi à enlever ses constructions, il trouvera un moyen presque toujours infaillible de l'amener à composition ; ne peut-on pas, de plus, avancer que le propriétaire pourra imposer au tiers constructeur la bonne foi qu'il n'a pas, et que ce dernier ne pourrait nier pour invoquer son délit : *nemo auditur turpitudinem suam allegans*. On peut même remarquer d'autre part, que la situation qui est faite par la loi au possesseur de mauvaise foi est empreinte d'une grande sévérité et qu'il est rigoureusement puni, puisqu'il peut être contraint à des dépenses considérables nécessitées par l'enlèvement des constructions, alors qu'il n'en peut tirer aucun dédommagement : décision moins dure cependant que celle qu'admettait le droit romain. Dans le cas prévu par notre article, le constructeur de mauvaise foi était, en effet, censé avoir voulu donner au propriétaire la plus-value résultant de ses travaux, et par conséquent, aucune indemnité ne lui était due : la règle *nemo donasse videtur* prévaut dans notre droit moderne.

La bonne foi est exigée seulement à l'époque où les travaux ont été faits : il importe peu qu'elle ait cessé après les constructions achevées, et rien ne sera changé dans les rapports du constructeur avec le propriétaire ; nous admettons enfin que lorsque le propriétaire réclamera les fruits produits par les constructions ou travaux exécutés, même de mauvaise foi, sur son fonds, il devra en échange, tenir compte au constructeur de l'intérêt de la somme déboursée par lui pour édifier et construire (1). Quant à savoir si le possesseur de bonne foi sera tenu de compenser l'indemnité qui lui sera due avec les fruits qu'il a perçus, bien qu'il en fût ainsi en droit romain et dans notre ancienne jurisprudence, nous pensons qu'en décidant ainsi ce serait enfreindre la règle posée par la loi, que le possesseur de bonne foi fait les fruits siens et n'a rien à restituer par la suite. En outre, la compensation ne peut se concevoir qu'entre deux parties respectivement débitrices l'une de l'autre. Y a-t-il rien de semblable dans ce cas ? Le propriétaire est bien débiteur de la plus-value, mais le possesseur ne lui doit pas les fruits qu'il a perçus, puisque la loi les lui attribue irrévocablement. Mais le possesseur a-t-il le droit de rétention ? Les ordonnances de Villers-Cotterets (1539), de Moulins (1566) et de 1667, le décidaient ainsi, et nos anciens auteurs sont unanimes sur

(1) Cod. Civ. art. 1652. Cass. 9 Décembre 1839.

ce point (1). La doctrine et la jurisprudence moderne l'accordent généralement au possesseur de bonne foi, mais le refusent au détenteur de mauvaise foi.

Il n'y a pas lieu, croyons-nous, de distinguer, car le principe est le même qu'il s'agisse d'un possesseur de bonne ou de mauvaise foi. Dans les deux cas, ce sont deux obligations réciproques et corrélatives, contractées par rapport à la même chose.

Quelque favorable que soit la situation du possesseur de bonne foi, il ne faut pas cependant que le propriétaire ait trop à souffrir. Ainsi il peut se faire que la plus-value des travaux faits par le possesseur soit tellement considérable que le propriétaire revendiquant se trouve hors d'état de la payer. Que faudra-t-il décider en pareil cas ? En face de cette difficulté, Pothier nous enseigne un moyen assez ingénieux d'y parer, et de régler le conflit en sauvegardant les principes et les intérêts des deux parties. Lorsque, dit-il, les impenses utiles faites par le possesseur de bonne foi sont tellement considérables, que le propriétaire n'a pas la commodité d'en faire le remboursement avant que de rentrer dans son héritage, et que ces impenses ont produit dans le revenu de l'héritage une augmentation considérable, il me paraît qu'on peut concilier les intérêts des parties,

(1) De la prop. n° 344 (Pothier).

en permettant au propriétaire de rentrer dans son héritage sans rembourser au préalable les impenses au possesseur de bonne foi, et en se chargeant, envers ce possesseur, d'une rente d'une somme approchante de ce dont le revenu de l'héritage a été augmenté par lesdites impenses. — Ce moyen inspiré par l'équité devrait encore, de nos jours, recevoir son application.

Il nous reste à examiner sur l'article 559, les conditions auxquelles est subordonné le droit du propriétaire. Un fleuve, une rivière, navigable ou non, enlève par une force subite une partie considérable et reconnaissable d'un champ riverain, et la porte vers un champ inférieur ou sur la rive opposée. Le propriétaire, dit l'article 559, aura la faculté de la revendiquer. Mais pour cela il faudra que la portion enlevée soit d'une importance suffisante pour causer un préjudice certain, et il sera, de plus, indispensable que son identité soit constatée (1). Ce droit ne doit pas être entendu en ce sens que le propriétaire pourra venir faire acte de propriété sur cette portion de terrain détachée de son fonds, mais seulement en ce qu'il pourra la faire replacer en son lieu primitif. Ce n'est qu'une sorte de revendication mobilière; le délai, pour l'intenter est d'un an, et aucune limitation de temps n'est fixé, tant que le riverain n'en a pas pris possession; circonstance toute de

(1) Pothier De la Prop. n° 165.

fait pour laquelle on ne peut établir de règle spéciale. — Ajoutons que le revendiquant qui reprend sa chose doit indemniser du dommage causé, celui au terrain duquel la portion de terrain s'est unie, alors même que l'origine de ce dommage n'est qu'un pur cas fortuit. Entre deux situations qui se recommandent toutes deux à l'équité, on doit choisir la plus digne de faveur.

Remarquons en terminant, qu'il y aurait encore lieu à revendication spéciale (1) de la part du propriétaire dont les animaux domestiques, conformément à l'article 564, auraient été attirés par fraude et artifice sur le domaine d'un autre propriétaire. La seule condition exigée, c'est que les animaux susdits, soient reconnaissables. Aucun délai n'est fixé : le propriétaire, victime de la fraude, n'encourrait de déchéance qu'au bout de 30 ans.

SECTION II.

Revendication des meubles.

En principe, on ne revendique pas les meubles, car le seul fait de la possession, quand il s'agit d'une chose mobilière, acquiert une telle force, qu'aucune preuve contraire n'est admise. La loi ne sépare pas la possession de la propriété; l'action

(1) Demol 8. 2 n° 178 de la dist. des biens. Marcadé art 564.

en revendication du véritable propriétaire se brise contre cette maxime : « *en fait de meubles possession vaut titre.* » Cette règle n'est pas une innovation de notre droit moderne. Toutefois, n'est-ce pas à Rome qu'il faut en rechercher l'origine. Le possesseur n'acquiérait la propriété d'un meuble que par l'usucapion, et il fallait de plus, comme nous l'apprend la loi des XII Tables que cette possession ne fût pas moindre d'un an. Encore cette usucapion était-elle restreinte à un très petit nombre de cas, les choses saintes ou sacrées, les biens des Cités ou du Peuple, les objets retenus par violence, ou simplement volés *vi possessæ aut furtivæ* ne pouvant être acquis de la sorte. Or le vol n'étant susceptible d'être purgé que fort difficilement en droit romain, rares étaient les cas où cette prescription annale pouvait mettre obstacle à la revendication du propriétaire. La possession et la propriété restaient distinctement séparées, qu'il s'agît de meubles ou d'immeubles.

C'est dans notre ancienne jurisprudence que nous voyons peu à peu se dessiner le principe, tel qu'il est aujourd'hui formulé dans le Code. Dans le début, il reste dans l'ombre, perdu au milieu des coutumes diverses qui se partageaient la France, et ce n'est qu'au temps de Pothier que la lumière se fait pleinement. L'éminent jurisconsulte, dans son commentaire de la Coutume d'Orléans (1) nous apprend qu'il est rare qu'il y ait lieu à la question de possession triennale, le possesseur d'un meuble en étant présumé propriétaire, sans qu'il soit besoin de recourir à la prescription; et Bourjon (2) est plus explicite encore lorsqu'il dit : « En matière de meubles la possession vaut titre de propriété ; la sûreté du commerce l'exige ainsi. La base de cette maxime est qu'on ne possède ordinairement que les meubles dont on est propriétaire. » Et remarquons que les actions possessoires n'étaient pas reçues en matière mobilière et que les meubles n'avaient pas davantage de suite par hypothèque.

Si on se demande quels sont les motifs qui ont guidé le législateur dans l'adoption de la règle de l'article 2279, on trouve qu'il a obéi à deux considérations principales : l'équité et l'ordre public. L'équité veut, en effet que celui qui a acheté de bonne foi un meuble soit à l'abri des réclamations d'un propriétaire dont il n'a pu raisonnablement prévoir l'existence; il est rare que l'on constate par écrit la propriété d'un meuble et le possesseur n'a eu aucun moyen de contrôler les allégations du tiers avec lequel il a traité. Aucune faute ne peut donc lui être reprochée, alors que le propriétaire de l'objet dont s'agit est au contraire coupable d'imprudence ou tout au

(1) Pothier comm. de la Cout. d'Orléans Introd. au Tit. 14 N° 4.

(2) Bourjon droit comm. de la France. Tit. de la presc. T. 2 p. 911.

moins de négligence. S'il a mal placé sa confiance il doit en être responsable. En outre, l'ordre public est intéressé à ce que les meubles, dont les aliénations sont multiples, ne soient pas indéfiniment l'objet de recours de nature à jeter le trouble dans les transactions commerciales. Les difficultés pratiques qu'entraînerait la constatation de l'identité des meubles sont encore un des motifs qui ont pu amener le législateur à refuser la revendication. Ne peut-on pas dire enfin qu'il a obéi aux traditions anciennes qui mettaient la propriété des immeubles, bien au-dessus de la propriété mobilière, *res mobilis res vilis*.

Quant à savoir quelle est la véritable portée juridique de l'article 2279, bien des systèmes ont été proposés. Les uns, comme Toullier, n'ont voulu y voir qu'une simple présomption susceptible d'être détruite par la preuve contraire, et incapable de fonder la propriété, si elle ne se prolonge pendant l'espace de 3 ans. Les autres considèrent la règle de notre article comme étant par elle-même un mode direct et principal d'acquérir la propriété. D'autres enfin, et à leur tête notre éminent doyen (1), admettent que l'article 2279 établit en faveur du possesseur de bonne foi d'un meuble, une prescription instantanée qui l'en rend propriétaire, indépendamment du laps de temps et par le seul effet de sa possession. Le titre même

(1) Demol. T. 8 n° 622.

dans lequel est placé notre article nous montre qu'il s'agit d'une prescription, mais d'une prescription dispensée de la condition de durée. Ce système que nous adopterons est conforme à notre ancien droit sous lequel les meubles étaient l'objet d'une véritable usucapion, sauf que les conditions de temps variaient selon les pays et les coutumes. Les législateurs semblent avoir suivi cet ordre d'idées lorsque dans l'art. 2239 ils permettent à ceux qui ont acquis la chose de tiers détenteurs à à titre précaire, de l'acquérir par prescription.

Le fait seul de la possession serait toutefois insuffisant pour que le détenteur puisse repousser l'action en revendication du propriétaire : il faut de plus que le possesseur soit de bonne foi. C'est une condition essentielle qui résulte de l'exposé des motifs de M. Bigot Préameneu. L'article 1141, qui, comme on le sait, n'est que la mise en œuvre de la règle posée dans l'article 2279, l'exige formellement. Le possesseur doit détenir la chose *animo domini*, en vertu d'un juste titre, d'un titre qui lui eût réellement transféré la propriété, si celui duquel il a acquis la chose en eût été réellement propriétaire. La présomption d'une cause légale d'acquisition de la propriété existe toujours, du reste, en sa faveur, mais on exige les mêmes conditions que dans la prescription de bonne foi, par 10 ou 20 ans. Enfin, il ne faut pas que le possesseur soit obligé personnellement à la restitution de la chose qu'il possède : on s'exposerait à un circuit d'action, en décidant autrement. Il est préférable de laisser s'exercer l'action de revendication, plutôt que de la paralyser par la règle : *en fait de meubles...* pour arriver au même résultat avec l'action personnelle.

Mais faut-il restreindre l'application de l'article 2279 au cas où le possesseur détient *animo domini*, ou ne conviendrait-il pas de l'étendre à ceux dans lesquels le détenteur possèderait à un autre titre, comme usufruitier ou gagiste ? C'est ce dernier parti que nous adopterons, bien qu'on ait objecté que la maxime *en fait de meubles...* ne vise que la propriété et qu'elle doit être traitée comme une exception, c'est-à-dire entendue restrictivement. On a ajouté de plus que la possession du gagiste ou de l'usufruitier était entachée de précarité, et que dès lors, ils étaient obligés personnellement envers le propriétaire. Dans l'opinion que nous admettons, on répond que l'article 2279 protége aussi bien l'acquisition partielle que celle de la pleine propriété. En ce qui regarde le vice de précarité, qui, on le prétend, affecte la détention du possesseur, l'argument n'est pas fondé davantage. L'usufruit constitue un démembrement de la propriété, et en tant que jouissant d'un droit réel, l'usufruitier a une possession qui lui est propre et personnelle, possession suffisante pour l'application de l'article 2279. Quant au gage, on peut dire avec M. Troplong (1), qu'il consiste *lato sensu* en une sorte d'aliénation et qu'en conséquence, il n'est pas utile de forcer les termes de notre article pour lui en faire l'application.

La première condition dont nous avons parlé, c'est la possession, possession qui doit être réelle et effective. L'examen de la question dépend exclusivement des faits; et les Tribunaux devront apprécier suivant les circonstances. Cependant, on peut se demander en doctrine si le seul consentement qui peut, en matière de vente, opérer la délivrance (article 1606), sera suffisant au point de vue qui nous occupe pour constituer la possession. Or, ce dernier article, selon nous, ne traite que des effets de la vente entre les parties, tandis que les articles 1141 et 2279 règlent la possession vis-à-vis des tiers. Le consentement serait donc insuffisant; la possession réelle fait seule obstacle à la revendication du propriétaire, et la vente, en tant que contrat, est sans effet à son égard.

Quant à la tradition manuelle, il est évident qu'elle constituera la possession d'une façon efficace, sans qu'il y ait à distinguer à quel titre cette tradition a eu lieu. Ce mode de remise a été admis par le Code, et la validité des donations manuelles paraît résulter implicitement des articles 852 et 868. Mais, en ce qui concerne la simple re-

(1) Troplong' Nantissement n° 74.

mise des titres, elle serait insuffisante à fonder une possession opposable au propriétaire revendiquant ; car elle a manqué du caractère effectif et réel que la loi exige. Il en serait de même de la remise des clefs, bien que nous repoussions le nom de tradition symbolique dont on la qualifie souvent.

Ajoutons enfin que le possesseur doit avoir l'intention de retenir la chose pour lui ; à défaut de l'*animus domini*, la simple détention serait sans force pour arrêter la revendication du propriétaire.

Certains auteurs veulent toutefois restreindre l'application de la règle *en fait de meubles...* au cas où c'est en vertu d'un contrat à titre onéreux que le détenteur possède ; mais ils en refusent le bénéfice à celui qui a acquis la chose en vertu d'un contrat à titre gratuit, et ils se fondent sur des considérations de droit et d'équité. L'équité commande, disent-ils, que le propriétaire qui cherche à éviter une perte, soit préféré au donataire qui ne veut que s'enrichir. Ils ajoutent enfin que le propriétaire trouvera dans l'action paulienne un moyen aussi sûr de recouvrer sa chose, la bonne foi du donataire ne le mettant pas à l'abri de cette action : il est inutile, par conséquent, de refuser au propriétaire l'action de revendication. Le premier de ces arguments tombe devant cette remarque que le propriétaire est en faute d'avoir imprudemment confié sa chose à un tiers infidèle ;

tandis que le donataire n'a rien à se reprocher; c'est donc en faveur de ce dernier au contraire que l'équité ordonne de décider la question. En ce qui touche le second point, les partisans de ce système semblent avoir oublié que dans l'action paulienne le demandeur devra prouver, au préalable, la mauvaise foi du donateur; ce qui fait que le résultat sera loin d'être identique dans les deux actions. Cela est d'autant plus vrai, que la revendication est une action réelle, tandis qu'il est universellement admis que l'action paulienne est essentiellement personnelle. Si la revendication amène la restitution de la chose elle-même avec toutes ses dépendances, ce même effet n'est produit par l'action paulienne qu'accidentellement, et comme réparation du préjudice causé; car le défendeur sera en droit d'empêcher ce résultat en offrant aux créanciers demandeurs de les désintéresser. C'est qu'en effet, l'action paulienne ne tend jamais qu'à indemniser les créanciers du dommage que leur a causé la fraude du débiteur, sans leur donner aucun droit à la propriété de la chose; seule l'action de revendication est capable de produire cet effet. Ajoutons, à l'appui de notre système, que la loi ne distingue pas pour l'application de l'article 2279; on ne peut fonder sur aucun texte l'opinion contraire.

Il s'agit maintenant de savoir à quels objets s'applique la maxime: *En fait de meubles.....* Or, les motifs auxquels la loi a obéi sont, nous l'avons vu, de deux sortes : 1° Les parties n'ont pas coutume de dresser des actes écrits pour les contrats qui ont des meubles pour objet : d'où, par conséquent, impossibilité pour l'acheteur de s'assurer de leur véritable provenance, et de contrôler le dire du vendeur ; 2° ce serait apporter des entraves au commerce que d'imposer la nécessité légale de constater leur identité, en raison de l'extrême facilité avec laquelle ils passent de mains en mains. En principe donc, tous les meubles chez lesquels on rencontre ces deux caractères, tombent sous l'application de l'article 2279. — Mais il en serait autrement des meubles incorporels, dont il est d'usage de constater la propriété par écrit, et qui sont facilement reconnaissables : l'acquéreur serait, dans ce cas, en faute d'avoir suivi la foi du vendeur, car il a eu tous les moyens de vérifier l'origine du titre. L'ancien droit était conforme à cette doctrine. Nous voyons dans Bourjon (1) que, par rapport aux droits incorporels, la simple possession du titre ne suffit pas. Notre code actuel, en traçant des règles spéciales pour le transport des créances, les a soustraites à l'application de notre article. La simple remise du titre (2) peut faire preuve de la libération, mais seulement en ce qui concerne les rapports du créancier et du débiteur. En dehors de ce

(1) T. 1 p. 46.
(2) Art. 1282-1283 C. Civil.

cas, on doit suivre les règles posées dans l'article 1690. Il faut excepter, toutefois, des meubles incorporels les titres au porteur; car la situation de celui qui les acquiert est identique à celle d'un acheteur de meubles ordinaires. Son ignorance est invincible, et il lui est impossible de se rendre compte si le détenteur qui les lui transporte en est ou non le véritable propriétaire. En outre, la tradition manuelle s'applique à ces sortes d'effet (1) : les droits qu'il constatent sont cessibles par la simple remise du titre, par la seule tradition, indépendamment de toute formalité. — Les universalités de meubles corporels ou incorporels échappent aussi à la maxime : *En fait de meubles.....* Les tiers ont pu trouver pour ces sortes de choses, un moyen de s'éclairer sur les droits de ceux avec qui ils traitent. Les universalités juridiques, telles qu'une succession, sont constatées par des titres, sur la nature desquels on ne peut se tromper, sans être coupable de négligence, ou se constituer en faute. De même on ne saurait ranger sous l'empire de l'article 2279 les meubles qui sont réclamés accessoirement à une demande principale, en revendication immobilière, en raison du principe : *Accessorium sequitur principale.*

Quant aux objets mobiliers auxquels la destination du propriétaire a donné le caractère d'im-

(1) art. 35 C. de Comm.

meuble, tels que les animaux livrés en cheptel, nous pensons que le fait de leur immobilisation n'a d'influence qu'à l'égard du bailleur, de son fermier ou de leurs ayants-cause, mais qu'il ne saurait mettre obstacle au droit que peut avoir un tiers acheteur, de s'opposer, à la revendication du propriétaire bailleur, en vertu de la maxime : *En fait de meubles.....* Des motifs semblables à ceux énoncés plus haut nous inspirent une décision analogue.

Enfin, en ce qui regarde la propriété littéraire, artistique, ou industrielle, on a soutenu que l'article 2379 était sans application, en se fondant sur ce qu'une œuvre d'art ne peut constituer un meuble dans le sens où l'entend la loi. S'il s'agit d'un manuscrit, par exemple, la valeur en réside, non pas dans la matière même de l'objet, mais dans les pensées qu'il renferme, et qui échappent en conséquence à une possession réelle. En outre, une telle œuvre comporte une originalité suffisante pour ne pas laisser de doute sur la question de savoir qui en est le véritable propriétaire. Nous pensons, toutefois, dans un système contraire, qu'il y a lieu de distinguer l'œuvre de l'artiste en tant qu'objet matériel, et le droit de la reproduire d'une façon quelconque, qui ne peut être envisagé que comme meuble incorporel. L'article 2279 s'applique évidemment à l'œuvre artistique considérée sous le premier aspect, puisqu'elle constitue un meuble ordinaire, mais il ne s'ensuivra pas pour le possesseur le droit de publier ou de reproduire l'œuvre en elle-même. Car il y a là, indépendamment du fait de la possession, un droit distinct qui habituellement résulte de contrats spéciaux, et que la détention de l'œuvre originale pourra tout au plus faire présumer en faveur du détenteur (1). — Nous déciderions de même dans l'hypothèse où il s'agirait de lettres missives, que l'on peut considérer comme des meubles corporels entre les mains de ceux qui les reçoivent ; mais ces derniers seraient sans droit pour les publier ou les reproduire, non pas seulement en vertu des mêmes principes, mais aussi à raison du caractère confidentiel qui leur est propre et de l'inviolabilité absolue qui doit les protéger (2). Ce sont ces motifs qui ont guidé le législateur dans la rédaction de la loi du 11 mai 1868, qui décide (art. 11) « que toute publication dans un écrit périodique relative à un fait de la vie privée constitue une contravention punie d'une amende de 500 fr. »

Mais il faut remarquer que notre article 2279 ne s'aurait s'appliquer à certains meubles qui, tout en étant corporels, ne réunissent pas les conditions exigées par la loi pour la protection du possesseur. Ainsi en est-il des navires ou bâtiments qui, meubles par nature (3), présentent cependant par

(1) Paris 10 Mai 1858.
(2) Paris 10 Décemb. 1850.
(3) Art. 531 C. Civil.

leur importance et leur volume des moyens faciles et sûrs à celui qui les acquiert, de s'assurer des droits du vendeur. Le caractère du bien transmis est donc indifférent. Il suffit, avant tout, d'examiner si les meubles rentrent dans la catégorie de ceux auxquels on puisse faire l'application des considérations d'équité ou d'ordre public qui ont guidé le législateur. Là où ces motifs existeront, le propriétaire sera déchu de la sanction de son droit, l'article 2279 empêchera l'exercice de l'action de revendication.

Deux exceptions ont été faites par le Code, au principe qu'en fait de meubles, possession vaut titre. La première concerne le privilége du bailleur (art. 2102), la seconde a trait aux meubles perdus ou volés.

Pour l'exercice de son privilége, le bailleur peut saisir les meubles qui garnissaient sa maison ou sa ferme, quand ils ont été déplacés sans son consentement. C'est dans notre ancienne jurisprudence que nous trouvons l'origine de ce privilége. Domat et Pothier (1) font mention du droit de préférence accordé au locataire d'immeubles. Nous traiterons dans un dernier chapitre du droit de vendication accordé au bailleur et des différentes conditions auxquelles il s'exerce. Disons seulement un mot du privilége que la loi lui attribue, en ce qui concerne l'exception à la

(1) Pothier Introd. sur le titre 19 de la Coutume d'Orléans nº 30.

règle qu'on fait de meubles... Grâce à lui, en effet, le bailleur reprend son gage partout où il le trouve, même chez un acquéreur de bonne foi, alors même qu'il ne revendique que la détention de son gage ; comme il intente cette action le plus souvent pour se garantir de l'insolvabilité de son locataire, la vente faite par celui-ci à un acheteur de bonne foi, sera résolue. A un autre point de vue, le droit de gage, ainsi que son privilége, s'étendront même à des objets mobiliers appartenant à des tiers, par cela seul qu'ils garnissent la ferme ou la maison louée. L'erreur du bailleur a été invincible, et la faute est imputable au propriétaire des meubles qui a eu l'imprudence de permettre leur transport dans le domicile du locataire. La loi lui préfère le bailleur de bonne foi, jusqu'à concurrence de ce qui lui est dû par ce dernier. Le propriétaire pourra à la vérité, revendiquer sa chose, au point de vue de la propriété, toutefois en respectant le droit de gage régulièrement acquis par le créancier : *Salvo jure pignoris*. Mais il est évident que le bailleur ne pourrait faire valoir son droit à l'encontre d'un propriétaire de meubles dont le dessaisissement aurait eu pour cause la perte ou le vol. Il nous reste à parler de ces deux cas.

Néanmoins, celui qui a perdu ou auquel il a été volé une chose, nous dit l'article 2279, in fine, *peut la revendiquer pendant* 3 *ans, à compter du jour de la perte ou du vol, contre celui dans les mains duquel il la trouve, sauf à ce dernier son recours contre celui duquel il la tient.* Aucune faute, dans l'espèce, ne saurait être imputée au propriétaire ; il n'a pas pu prévoir les cas fortuits de vol ou de perte. Il est donc juste de lui permettre de revendiquer sa chose partout où il la trouve. Or, il est évident que, vis-à-vis de l'inventeur, du voleur ou de leurs héritiers, l'exception faite à l'article 2279 n'a aucune portée, puisque l'obligation personnelle dont ils sont tenus, s'oppose à ce qu'ils acquièrent la chose au moyen d'une prescription instantanée. On ne constate la dérogation à notre article que lorsque l'objet est passé aux mains de tiers de bonne foi : elle s'applique à tous les meubles corporels ou incorporels que régit la maxime : *En fait de meubles...* Nous comprendrons parmi ces derniers, non seulement les titres au porteur, actions ou obligations, mais encore les coupons qui auraient été détachés de ces titres, bien que cependant on ait voulu les assimiler à l'argent monnayé et aux billets de banque, en raison de ce que souvent ils tiennent lieu de monnaie courante, et sont reçus en paiement dans la pratique des affaires. Cette assimilation nous paraît sans fondement ; elle tend à enlever aux coupons détachés, le caractère qui leur est propre ; d'un côté leur cours est purement facultatif; d'un autre côté, ils sont parfaitement reconnaissables à leurs numéros d'ordre, et il est facile au tiers qui s'en rend acquéreur d'en vérifier la nature (1). Le droit de revendication enfin, s'exerce, sans difficulté, pour des coupons détachés d'une souche spéciale, alors qu'il est peu réalisable pour le billet de banque, dont la circulation est sans fin.

Il faut nous demander maintenant en quoi devra constituer la perte ou le vol ? On désigne sous le nom générique d'épaves, tous les objets perdus, c'est-à-dire tous ceux dont le propriétaire est inconnu. Nous laisserons de côté les règlements spéciaux (2) qui traitent des épaves maritimes et les attribuent à l'État, si le propriétaire reste un an sans les revendiquer, réduisant ce délai à un mois lorsqu'il s'agit d'épaves fluviales (3), pour nous occuper des objets perdus sur terre, soit par l'effet de la négligence de leur propriétaire, soit par suite d'un événement de force majeure.

Sous notre ancienne législation, le droit aux choses perdues non revendiquées était accordé aux seigneurs hauts-justiciers. A qui aujourd'hui ce droit est-il passé ? Les avis sont partagés. Une première opinion, se fondant sur ce que l'État a succédé aux droits des seigneurs, veut que l'objet trouvé lui appartienne en entier. On tire argument de l'article 713 qui porte que les biens

(1) En ce sens Paris 21 janvier 1869.

(2) Ord. de 1861, arrêté du 18 Thermidor an 10 Décr. du 12 Décemb. 1806.

(3) Ord. de 1669 (Eaux et Forêts) Loi du 15 avril 1829.

sans maître appartiendront à l'Etat, mais on oublie que cet article n'ayant trait qu'aux successions en déshérence, est sans application à notre matière. Aucun texte ne prouve, en outre, que l'Etat ait été substitué aux seigneurs. Un deuxième système accorde moitié à l'inventeur, moitié à l'Etat; mais ceux qui le défendent ne peuvent l'appuyer que sur la tradition de certaines coutumes exhumées pour le besoin de la cause. Nous admettons donc, avec une troisième opinion, que la chose perdue appartient pour le tout à l'inventeur, mais seulement par la prescription trentenaire. L'inventeur est de mauvaise foi, et on ne saurait, comme quelques-uns le prétendent, lui faire l'application de la prescription de 3 ans dont parle l'article 2279. On invoque, en sens contraire, une décision du Ministre des Finances, en date du 3 août 1825, dans laquelle, statuant sur une hypothèse spéciale, il accorde la propriété d'une chose trouvée, à l'inventeur, alors qu'il s'était seulement écoulé 3 ans depuis l'invention. Mais cette assimilation de l'inventeur à un tiers, acquéreur de bonne foi, ne saurait légalement se soutenir, et une décision ministérielle, fort discutable en elle-même, ne saurait prévaloir sur le texte de la loi.

Gardons-nous, au surplus, de confondre les choses perdues avec les objets abandonnés par leurs maîtres, qui sont des *res derelictæ*, *res nullius*, par conséquent, susceptibles d'une appropriation immédiate, sans qu'il soit besoin d'invoquer une prescription quelconque.

En droit romain, le vol consistait dans tout déplacement frauduleux de la chose d'autrui pour en tirer un profit quelconque, *Contrectatio fraudulosa lucri faciendi gratiâ.* Le mot vol *furtum* comprenait d'une façon générale tout fait ayant pour but de disposer de la chose d'un tiers, sans son consentement. Le dépositaire qui trahissait la confiance du déposant, le créancier gagiste qui disposait du gage, le locataire qui déplaçait l'objet loué, en le vendant par exemple à autrui, commettaient un vol. Mais les Romains distinguaient le vol d'usage et le vol de la possession dont le propriétaire même de la chose pouvait se rendre coupable, comme dans le cas où le débiteur reprend furtivement la chose qu'il avait donnée en gage à son créancier. Il y aurait eu vol d'usage, au contraire, si le créancier gagiste s'était servi de la chose déposée en nantissement.

On n'entend pas, dans notre droit, le mot vol avec une acception aussi large. Sous l'empire du code pénal (article 379), le vol n'est que la soustraction frauduleuse d'un objet mobilier, appartenant à autrui. Il prend le nom d'abus de confiance quand le fait délictueux consiste dans l'appropriation de la chose par un dépositaire infidèle, un gagiste, en un mot par un détenteur à titre précaire. Ce qui caractérise l'abus de confiance, c'est qu'il y a eu de la part du propriétaire un déssaisissement volontaire dont un tiers a abusé. On appelle enfin escroquerie le fait d'avoir par des manœuvres dolosives circonvenu le propriétaire d'une chose, pour la lui ravir ; le résultat est le même que dans le cas de vol ; mais tous autres sont les moyens de procéder. L'article 405 Cod. pén. définit d'une façon détaillée ce que comporte ce genre de délit.

Or, on se demande si, dans la pratique, il faut assimiler au cas de vol les deux hypothèses d'abus de confiance et d'escroquerie. En ce qui regarde le premier de ces délits on admet généralement que l'exception faite à l'article 2279 ne s'y applique pas. Notre ancienne jurisprudence(1) distinguait déjà entre les deux cas, et il résulte des termes mêmes employés par le législateur dans les deux articles combinés (1141 et 2279) qu'il a entendu restreindre le mot *vol* à son acception propre. En outre, l'équité commande de préférer le tiers possesseur de bonne foi au propriétaire assez imprudent pour confier sa chose à un dépositaire ou à un emprunteur de la moralité duquel il n'était pas sûr. Les considérations tirées du droit romain qu'opposent les adversaires de cette doctrine sont sans fondement sous la législation actuelle, et les arguments de raison perdent leur force devant le texte même de la

(1) Bourjon Droit Commun. de la France T. 1 Art. 182 Cout. de Paris.

loi. Nous déciderons de même quant à l'escroquerie, en vertu des mêmes raisons : le texte de l'article 2279 ne saurait s'appliquer aux choses escroquées. Alors même que l'origine de leur possession est un délit, l'intérêt du commerce exige que les acheteurs de bonne foi soient protégés par une règle constante : en cas de vol seulement, la revendication du propriétaire est admise. Les exceptions sont de droit étroit.

Ce droit de revendiquer les choses perdues ou volées peut être exercé par le propriétaire, pendant un délai de 3 ans, à l'encontre du tiers détenteur de bonne foi. Quant au possesseur de mauvaise foi, conformément au droit commun, il ne peut prescrire que par 30 ans. Cependant, vis-à-vis de l'auteur même du vol, la question peut présenter certaines difficultés. En droit romain, le voleur ne pouvait jamais prescrire ; il était écrit dans la loi des XII Tables : *Rei furtivæ æterna auctoritas esto*. Il n'en est plus de même dans notre législation. Le voleur pourra, par prescription, acquérir la propriété de la chose. Mais par quelle prescription le pourra-t-il ? nous répondons : par la prescription de 30 ans. Au bout de ce temps seulement il sera libéré de l'obligation personnelle en restitution de la chose, et le propriétaire déchu du droit d'intenter la revendication. Quelques auteurs se fondant sur ce que l'action civile née d'un délit se prescrit par le même laps de temps que l'action publique, en ont conclu qu'après dix ans, s'il s'agit d'un vol, le voleur sera à l'abri de la revendication du propriétaire volé. Mais ils ont confondu l'action civile avec l'obligation dont le voleur et ses ayants-cause sont personnellement tenus de restituer la chose, objet du délit. L'action civile, en effet, ne tend qu'à la réparation du dommage causé; elle a sa source dans le fait même qui a porté préjudice à autrui, tandis que la revendication ne porte que sur l'objet et tire sa force du droit de propriété du revendiquant, indépendamment du vol commis. Par cette dernière action, le propriétaire réclame sa chose au voleur, comme il le ferait vis-à-vis d'un possesseur quelconque, abstraction faite du délit qui lui est reproché. Ce dernier, dont la mauvaise foi est évidente, ne saurait se retrancher derrière la maxime *en fait de meubles*..... Le voleur ne saurait se faire un titre de son délit, en vertu de l'adage *nemo auditur turpitudinem suam allegans*. Le droit que l'on tire de la propriété même ou d'un contrat, est un droit à part dont la nature spéciale donne lieu à une prescription qui lui est propre, et dont l'origine est distincte de l'action civile (1). Le délai de 3 ans dont parle l'article 2279 court du jour de la perte ou du vol, et il ne s'agit pas de savoir si le propriétaire a pu avoir ou non connaissance de l'événement qui le dépossède. Il n'y a pas ici de prescription, c'est

(1) Cass. 16 Avril 1845.

une déchéance encourue, à l'expiration d'un délai préfix et invariable. Il s'ensuit qu'on peut l'opposer à toute personne, même à celles contre lesquelles la prescription ne pourrait courir, et alors même que la possession du détenteur actuel aurait duré moins de 3 ans.

Le tiers possesseur de bonne foi a un recours contre son vendeur, pour être indemnisé de la perte que lui fait éprouver la revendication du propriétaire. Si ce recours est souvent illusoire, ce n'est qu'une conséquence de la situation qu'il s'est faite par sa négligence, en traitant avec un tiers dont l'honorabilité était suspecte. Aussi, dans tous les cas où il a été dans l'impossibilité absolue de s'éclairer sur l'origine de la chose achetée, toutefois, en un mot, que son erreur a été légitime, la loi vient à son secours dans l'article 2280. Les prescriptions de cet article ne sont pas sans précédents. On trouve déjà trace, dans notre ancien droit, des motifs qui ont guidé le législateur de 1804, et certains jurisconsultes allaient jusqu'à décider que la bonne foi d'un tiers qui avait acheté d'un marchand en boutique ouverte, devait le mettre à l'abri de toute recherche (1). Enfin, sous l'empire d'une loi de 1791, le propriétaire qui retrouvait dans une foire ou dans un marché, des bestiaux volés ou perdus, ne pouvait en exiger la restitution qu'à charge de

(1) Dunod Droit commun de la France Tit. 8,

rembourser au détenteur actuel le prix par lui dépensé. C'est dans le même ordre d'idées que s'exprime l'article 2280 : *Si le possesseur actuel de la chose volée ou perdue, l'a achetée dans une foire ou dans un marché, ou dans une vente publique, ou d'un marchand vendant des choses pareilles, le propriétaire originaire ne peut se la faire rendre qu'en remboursant au possesseur le prix qu'elle lui a coûté.* Ajoutons que ce dernier devant être rendu complétement indemne, le propriétaire devra aussi lui tenir compte des frais et loyaux coûts du contrat. En ce qui touche les règles à suivre pour le remboursement des dépenses de conservation ou d'amélioration, ce sera l'objet d'un autre chapitre, où nous traiterons spécialement des rapports du revendiquant avec le possesseur condamné à la restitution.

Remarquons, toutefois, que le droit de rétention qui est contesté au possesseur de bonne foi actionné en revendication d'un immeuble, ressort sans difficulté du texte de l'article 2280, *in fine*, au profit du détenteur d'un objet mobilier. C'est au préalable, dit la loi, que le remboursement doit avoir lieu.

Le propriétaire tenu de rembourser le possesseur, a son recours, bien entendu, contre le détenteur primitif, voleur ou inventeur, indépendamment de l'action civile en dommages-intérêts, recours qu'il pourra exercer même contre les possesseurs intermédiaires, dont la mauvaise foi lui aurait permis, s'ils avaient gardé la détention, de recouvrer sa chose sans aucuns frais (1). A ce sujet, que devra-t-on décider, si le détenteur actuel de la chose revendiquée l'a acquise d'un individu qui lui-même l'avait achetée dans les circonstances que prévoit l'article 2280? Nous pensons que le propriétaire devra rembourser préalablement le prix que la chose a coûté; sans quoi le possesseur actuel serait en droit de l'y forcer indirectement, en appelant en garantie son vendeur, qui lui-même s'est rendu acquéreur de la chose dans un marché public, ou d'un marchand vendant des choses pareilles. Mais aussi, le possesseur, en raison de ces principes, ne pourra pas exiger une somme supérieure au prix de vente payé par le premier acheteur, quelle que soit d'ailleurs la somme pour laquelle il l'a revendu au tiers actionné en revendication.

Qu'arrivera-t-il enfin, si nous supposons que le propriétaire a déjà, par une action civile en dommages-intérêts contre le voleur ou l'inventeur, recouvré la valeur de la chose? Pourra-t-il, par la suite, en restituant, bien entendu, l'indemnité qui lui a été allouée, revendiquer l'objet mobilier qu'il retrouve? Nous admettons qu'il le peut, nous fondant sur ce principe que son droit de propriété, et la revendication qui en est la garantie, n'a pu souffrir d'atteinte de l'exercice

(1) Cassat 9 avril 1861

de l'action civile. Son droit de suite est resté intact, et nous avons vu déjà toute la différence qui sépare l'action civile née du délit, d'avec l'action en revendication proprement dite. Il en était de même en droit romain. La poursuite criminelle contre le voleur *extrà ordinem*, avait, il est vrai, pour résultat d'éteindre entre les mains du propriétaire, l'action *furti*, dont le caractère était éminemment pénal, mais elle lui laissait le choix entre les diverses actions *rei persequendæ causâ*, et de même après l'exercice d'une de ces actions, le propriétaire conservait le droit d'intenter une action pénale, à l'effet de faire condamner le voleur à l'amende fixée par la loi.

Si enfin, changeant d'hypothèse, nous supposons que le tiers auquel serait dû le prix de la chose revendiquée, l'a acquise, non à titre onéreux, mais à titre gratuit, le propriétaire ne sera tenu à aucun remboursement, si ce n'est, toutefois, à celui des dépenses de conservation ou d'amélioration qui ont pu être faites sur la chose.

Nous admettrons avec la généralité des auteurs qu'il faut assimiler aux foires et marchés, les bourses de commerce, et que par conséquent, les effets au porteur qui s'y négocient, jouissent du bénéfice de l'exception de l'article 2280; les tiers qui y auront acheté de bonne foi de pareils titres ne seront tenus de les restituer au revendiquant qu'après remboursement préalable (1).

(1) Paris 9 Décembre 1839.

Quant aux comptoirs des changeurs, nous ne saurions leur reconnaître le caractère de marchés publics; mais on pourrait, du moins, considérer ces derniers comme des marchands vendant des choses pareilles, et imposer au propriétaire qui revendique des titres au porteur, acquis dans de telles conditions, l'obligation d'en rembourser le prix, sauf son recours contre le changeur qui s'est rendu acquéreur du titre perdu ou volé, en dehors des circonstances prévues par l'art. 2280; si en effet, en droit, il est vrai de dire que les changeurs n'ont pas pour fonction principale de négocier des titres, du moins, dans la pratique, s'occupent-ils journellement de ventes et achats de titres au porteur, par la tolérance des agents de change, auxquels ces négociations étaient primitivement réservées. — Enfin, les raisons d'équité qui ont amené le législateur à apporter cette importante exception à l'article 2279 existent de même dans notre espèce. Nous adopterions une décision semblable, s'il s'agissait de titres au porteur vendus par un agent de change en dehors de la Bourse, puisqu'il est constitué par la loi, négociateur de tous effets commerciaux. Le propriétaire devrait rembourser le prix d'achat sauf son recours contre l'agent de change recours souvent peu effectif; et à ce sujet, il serait sans doute à souhaiter que l'on put concilier avec les exigences du commerce et la rapidité des négociations, une responsabilité plus rigoureuse imposée aux officiers publics par le ministère desquels se concluent ces sortes d'affaires.

Remarquons toutefois, que le propriétaire spolié a dû, s'il est prudent, lors de l'acquisition même des titres au porteur qu'il a perdus ou qui lui ont été volés, recueillir avec soin les numéros d'ordre et relater les indices propres à les faire reconnaître, dans le cas où un événement quelconque viendrait à l'en dépouiller. Ces précautions lui permettront de faire à la Compagnie débitrice, déclaration de la perte ou du vol, et de former opposition entre ses mains au paiement des intérêts des titres ou des dividendes à eux afférents; il devra également s'opposer par signification d'huissier faite auprès du syndicat des agents de change, à la vente de ces mêmes titres. Et par ces moyens, du jour où le tiers détenteur lui sera connu, il pourra intenter son action en revendication, d'après les principes sus-énoncés. Se trouve-t-il en présence du voleur, il aura, à la fois le droit d'exercer la revendication et d'intenter contre lui une action civile pour obtenir la réparation du dommage causé. Les mêmes droits lui sont acquis à l'encontre de recéleurs des effets volés. N'a-t-il affaire qu'à un inventeur ordinaire, l'action en revendication du propriétaire sera valablement introduite, et il pourra, en outre, lui réclamer une indemnité à raison du préjudice éprouvé conformément à l'article 1382, pendant 30 ans. Mais si le propriétaire dépouillé ne retrouve ses titres qu'entre les mains de possesseurs de bonne foi, comme nous l'avons vu, il pourra, suivant les circonstances, être obligé de leur en rembourser le prix. Si, au contraire, le tiers détenteur est de mauvaise foi, aucune indemnité ne lui est due et il peut même être tenu par l'action civile à des dommages-intérêts envers le propriétaire qui revendique

Lorsqu'il est enfin impossible de recouvrer la possession des titres, parce qu'ils ont été adirés, détruits d'une façon quelconque, la loi met à la disposition du créancier les moyens à l'aide desquels il obtiendra la reconstitution de sa fortune. L'accroissement des valeurs mobilières qui, de nos jours, dépasse de beaucoup la richesse immobilière nécessitait des mesures préservatrices justifiées par leur extrême fragilité. Ces mesures consistent (comme nous l'avons vu) en une déclaration à l'Etat ou à la Compagnie qui a fait l'émission des titres. Or, la Compagnie est sans droit pour se prétendre libérée par l'anéantissement des titres. Elle ne peut soutenir, comme on a tenté de le faire, qu'elle ne doit qu'au titre et point à la personne ; mais la preuve à faire par le propriétaire, de la destruction de ces mêmes titres, sera des plus difficiles, sinon impossible plus souvent. Aussi, la jurisprudence avait-elle adopté un moyen terme pour concilier l'intérêt des Compagnies et du propriétaire victime de la perte, en l'absence d'une preuve fournie par ce dernier.

Quant au remboursement du capital lui-même, il était admis en jurisprudence (1) qu'il devait être versé à la Caisse des dépôts et consignations; et ce n'était qu'au bout de 30 ans après son exigibilité que le propriétaire avait le droit de le réclamer. A ce moment seulement, disait-on, la Compagnie se trouvera à l'abri des revendications que pourraient exercer des tiers porteurs de bonne foi, si on suppose le vol au lieu de la destruction ou une fraude, de la part du propriétaire. Mais comme on le voit, par une crainte exagérée de cette dernière hypothèse la situation faite au propriétaire était fort dure, et les mesures prescrites insuffisantes à le protéger.

Ainsi, des esprits éminents, préoccupés d'assurer plus de sécurité à la possession des titres, ont émis divers systèmes; tels sont MM. Flandin, conseiller à la cour de Paris (*Revue critique*, tome 13), Vincent, avocat (*Revue pratique*, tome 19), Labbé (*Dissertation sur l'arrêt de la cour de Paris*, du 13 mai 1865). Nous nous bornerons à citer le système que Bonjean, l'illustre magistrat victime de son devoir, présenta dans son rapport au Sénat, du 2 juillet 1862, à savoir : 1° Qu'une requête soit présentée au président du tribunal par le propriétaire dépouillé de ses titres par un fait quelconque, perte ou vol,

(1) 27 avril 1867 Trib. de Com. de la Seine. 30 avril 1867.

pour être autorisé à former opposition au siége de la Compagnie, de façon à ce que celle-ci consigne les intérêts et dividendes aussitôt échus; 2° Le propriétaire ferait établir contradictoirement avec la Compagnie, après avoir entendu le ministère public, sa propriété sur les titres perdus, en spécifiant les faits qui l'ont dépossédé, destruction, perte ou vol; 3° Le jugement publié au *Journal officiel* serait de même affiché dans toutes les Bourses; 4° Si au bout de cinq ans personne ne s'était présenté, il y aurait lieu, par un second jugement, d'ordonner la remise du duplicata, après déchéance préalable des anciens titres; 5° Enfin, dans certains cas exceptionnels, on pouvait permettre au juge d'exiger une nouvelle publicité, un nouveau délai d'un an, avant d'ordonner la délivrance des nouveaux titres. Tel est le système que la doctrine accueillit avec le plus de faveur; peut-être, cependant, n'était-il pas de nature à sauvegarder assez entièrement les droits du propriétaire de titres au porteur, en raison de l'insuffisance de la publicité qu'il prescrivait et du délai trop court qu'il fixait. Ces vœux viennent d'être réalisés par une loi récente du 25 juin 1872, qui organise un système de publicité plus complet, et un délai pour l'obtention des duplicatas suffisant pour assurer les droits de chacun. Cette loi porte : 1° Le propriétaire dépossédé fera notifier par huissier à l'établissement débiteur, le nombre, la nature, la valeur nominale et le numéro des titres perdus, et énoncera, autant que possible, les circonstances qui ont accompagné sa mise en possession des titres, ainsi que sa dépossession, laquelle notification emportera opposition au paiement tant du capital que des intérêts ou dividendes échus et à échoir; 2° Après un an, depuis cette opposition non contredite, et si au moins deux termes d'intérêts ou de dividendes ont été mis en distribution, l'opposant pourra se pourvoir auprès du président du tribunal civil du lieu de son domicile, pour être autorisé à toucher les intérêts ou dividendes au fur et à mesure de leur exigibilité, et même le capital des titres frappés d'opposition, dans le cas où il deviendrait exigible; 3° Cette autorisation accordée, l'opposant devra, pour toucher les intérêts, fournir une caution solvable qui sera déchargée de plein droit, après deux ans, depuis l'autorisation. A défaut de caution, la Compagnie sera tenue de déposer à la caisse des consignations, les intérêts échus et ceux à échoir, à mesure de leur exigibilité. Au bout de deux ans, l'opposant pourra retirer les sommes déposées et percevoir librement les intérêts à échoir; 4° Si le capital est devenu exigible, l'opposant, autorisé par le président du tribunal, pourra en toucher le montant, à charge de fournir caution, ou exiger le dépôt à la caisse des consignations. Dix ans depuis l'exigibilité, et cinq ans au moins après l'autorisation, la caution sera déchargée, ou s'il y a eu dépôt, l'opposant pourra retirer les sommes déposées; 5° Enfin, quand il s'agira de coupons au porteur, détachés du titre, l'opposant pourra, après trois ans, l'opposition non contredite, réclamer le montant des dits coupons de l'établissement débiteur, sans qu'il soit besoin d'autorisation. Ces paiements faits à l'opposant, libèrent l'établissement débiteur envers tout tiers porteur qui se présenterait ultérieurement, sauf le recours de ce dernier, par action personnelle contre l'opposant qui aurait formé une opposition sans cause; 6° Pour prévenir la négociation ou la transmission des titres dont il a été dépossédé, l'opposant devra notifier par huissier au syndicat des agents de change, une opposition renfermant les énonciations ci-dessus; le syndicat devra, sous sa responsabilité, publier dans un bulletin quotidien, le numéro des titres adirés ou volés, à charge d'une rétribution annuelle payée par l'opposant. Toute négociation postérieure à cette publication sera sans effet vis-à-vis de l'opposant; 7° Dix ans depuis l'autorisation précédemment mentionnée, et l'opposition non contredite, l'opposant pourra exiger de l'établissement débiteur qu'il lui soit remis un titre semblable, subrogé au premier, avec le numéro originaire et la mention de duplicata. Le titre primitif sera frappé de déchéance. Cette loi, toutefois, remarquons-le, n'est pas applicable aux billets de la Banque de France, ni aux billets de même nature, émis par des établissements légalement autorisés, ni aux rentes et aux autres titres au porteur émis par l'État.

SECTION III.

Accession mobilière.

Cette matière a perdu beaucoup de son importance sous l'empire d'une législation qui n'admet pas la revendication des meubles. Il est cependant utile d'en parler, en raison des modifications que l'accession mobilière peut apporter au droit du propriétaire, dans les deux hypothèses d'exception à la règle, *qu'en fait de meubles, possession vaut titre.*

La loi a prévu trois cas : 1° l'adjonction, c'est-à-dire le cas où deux objets mobiliers ont été unis ensemble, au moyen d'un contact qu'il n'est pas toutefois impossible de faire cesser ; 2° la spécification, quand une personne, par son travail, a transformé la matière d'autrui ; 3° la confusion se présente quand différentes choses appartenant à diverses personnes ont été mélangées au point qu'on ne puisse leur rendre, dans la suite, leur existence indépendante.

1° Dans la première hypothèse, les jurisconsultes romains accordaient la propriété de l'objet confectionné à celui dont la matière avait le plus de valeur : « *accessorium sequitur principale ;* » il n'y avait pas de revendication possible, la chose ayant cessé d'avoir une existence propre et indépendante ; mais le propriétaire lésé avait le droit, au moyen de l'action *ad exhibendum*, de forcer le *dominus accessionis* à faire cesser l'adhérence entre les deux choses, de façon que la sienne, recouvrant son individualité, pût faire l'objet d'une revendication. Il n'en est pas de même dans notre législation : le propriétaire de la chose accessoire perd sa propriété, mais il est sans droit pour demander qu'une séparation possible ait lieu. Le dédommagement qu'on lui accorde consiste dans la valeur de la chose. Cette contradiction avec les principes romains ne cesse qu'en un cas : celui où, nous dit l'article 568, la chose unie est beaucoup plus précieuse que la chose principale, et a été employée à l'insu du propriétaire. Celui-ci peut alors demander que la chose unie soit séparée pour lui être rendue, même quand il devrait en résulter quelques dégradations pour la chose à laquelle elle a été jointe. Quant aux indices qui pourront aider les juges dans la recherche de la chose principale, les articles 567 et 569 posent à ce sujet les règles à suivre. La chose principale sera celle à laquelle l'autre n'a été unie que pour l'usage, l'ornement ou le complément de la première. Si cette nuance ne peut être saisie entre elles deux, la plus considérable en valeur sera réputée la chose principale; à valeurs égales, ce sera le volume qui l'emportera.

Remarquons que, d'après les principes romains, le maître du parchemin pouvait le revendiquer sans tenir compte de l'écriture qui pouvait le couvrir, conformément à ce principe que la chose principale est celle dont l'existence dépend de l'autre : *Necesse est ei rei cedi quod sine illâ esse non potest* (1). Une telle décision pouvait se justifier à une époque de barbarie comme les premiers temps de Rome, mais on comprend moins qu'elle ait subsisté à l'apogée de la civilisation romaine.

La matière de la spécification fut, entre les jurisconsultes romains, l'objet de nombreuses divisions. On sait que les Sabiniens donnaient la prédominance à la matière, alors que les Proculiens voulaient, au contraire, voir l'objet principal dans la forme qui individualise les choses. On sait enfin au moyen de quelle transaction Justinien termina le différend. La matière était-elle susceptible de revenir à son premier état, la revendication était possible ; dans le cas contraire, elle était censée avoir péri pour son propriétaire ; partant, point de revendication. C'est cette opinion qui paraît avoir été le plus en faveur dans notre ancien droit. Et cependant, en principe, notre législation actuelle, conforme en cela aux idées sabiniennes, a donné le pas à la matière sur la forme, sans qu'il y ait à distinguer si la chose peut ou non revenir à son état primitif. Mais l'impression produite par ce choix s'efface devant cette idée qu'en droit français, l'espèce ne peut se présenter que

(1) Demol. T. 10. n° 194.

dans l'hypothèse d'objets perdus ou volés, puisque autrement, par la seule force de sa bonne foi, l'auteur de la spécification en devient instantanément propriétaire. En outre, le Code apporte au principe posé un tempérament qui en atténue singulièrement la portée. « *Si*, en effet, *la main-d'œuvre était tellement importante qu'elle dût surpasser de beaucoup la valeur de la matière employée, l'industrie serait alors réputée la partie principale, et l'ouvrier aurait le droit de retenir la chose travaillée, en remboursant le prix de la main-d'œuvre.* » Enfin, la loi déclare que, si le spécificateur a employé en partie une matière qui lui appartenait et en partie celle d'autrui, la chose sera commune aux deux propriétaires, si elle ne peut se séparer sans inconvénient. Leur droit de propriété sera réglé en raison de l'importance de la matière et du prix de la main-d'œuvre. On voit donc, qu'en définitive, il est fait dans la pratique une part assez large à l'industrie et au travail de l'ouvrier, et qu'il n'y a pas lieu de regretter que la loi ait, dans ses prémices, déclaré donner la prédominance à la matière, puisqu'elle a su équitablement prévoir le cas où cette doctrine serait contraire à l'intérêt général.

Cependant, Oudot, ancien professeur à la faculté de Paris, auteur : *De la conscience et de la science du devoir*, trouve préférable cette dernière solution qu'il aurait désiré voir appliquer même au premier cas.

En ce qui touche la confusion, les Romains avaient sous-distingué le cas où il s'agissait du mélange de plusieurs liquides, et celui où il était question de choses solides, pour lequel ils réservaient plus particulièrement le mot de confusion. On doit suivre les mêmes règles que dans les deux espèces précédentes · le propriétaire ne pourra revendiquer que dans le cas où sa chose mélangée par un tiers de mauvaise foi, l'emportera en quantité, en volume, ou lui sera supérieure par la qualité. En dehors de ces règles, il faudra décider suivant le droit commun, que, si les choses peuvent être séparées, chacun reprendra sa part, et que dans le cas contraire, les parties en auront la copropriété indivise. Les questions de restitution et d'indemnité que pourra soulever le propriétaire lésé, sont prévues par les articles 576 et 577. Ce dernier pourra demander que sa chose lui soit restituée en nature, ou qu'on lui en paie la valeur; sans préjudice des dommages-intérêts auxquels pourra donner lieu le dol de l'auteur de l'accession, et des poursuites extraordinaires, si le cas y échet; expression dont se sert le code pour désigner les tribunaux correctionnels, chargés de réprimer les délits.

CHAPITRE IV.

QUI PEUT INTENTER LA REVENDICATION ?

Le but même de la revendication nous indique les personnes auxquelles elle est accordée : seul, le propriétaire peut intenter la revendication. Il en est de même toutefois de ceux qui le représentent : tels seraient ses héritiers à titre universel, ou ses successeurs à titre particulier auxquels il aurait conféré un droit de propriété. Quant à ceux auxquels il aurait transporté un droit d'hypothèque, d'usufruit, d'usage ou de servitude, en un mot, un démembrement quelconque de propriété, l'action de revendication leur est inutile : ils ont l'exercice de l'action confessoire et de l'action quasi-servienne ou hypothécaire. Les créanciers du propriétaire ont enfin, les mêmes droits que lui, conformément à l'article 1166, puisque cet article leur accorde l'exercice des droits qui ne sont pas essentiellement attachés à la personne.

Il faut être propriétaire, avons-nous dit, pour

intenter l'action de revendication. Cependant, une exception a été faite pour le mari sous le régime dotal. Bien qu'il ne soit pas propriétaire des biens dotaux, il a seul l'exercice des actions pétitoires qu'il peut y avoir à exercer. Cette exception repose sur des donnés historiques. Il en était ainsi en droit romain. La loi Julia *de fundo dotali*, l'obligea à restituer la dot et lui interdit d'aliéner sans le consentement de la femme ; le sénatus-consulte Velléien ajouta l'interdiction d'hypothèquer même du consentement de la femme. Justinien, par la loi unique au code *de rei uxoriæ actione*, déclare l'inaliénabilité absolue du fonds dotal, tout en réservant au mari le titre quelque peu dérisoire de *dominus dotis*. Comme tel, il pouvait donc exercer les actions pétitoires; c'est le dernier état de la législation romaine qui est passé dans notre ancien droit, et aussi dans notre code : seulement ses rédacteurs ont enlevé au mari la qualification de propriétaire et l'ont réduit à celle bien plus fondée d'administrateur de la dot. Ils lui ont maintenu toutefois le droit de poursuivre les détenteurs du bien dotal, droit considérable qui ne peut se justifier que par un mandat supposé de la part de la femme (art. 1549). Toutefois, remarquons qu'à partir de la séparation de biens, la femme recouvre l'exercice de ses actions, conformément à l'article 1560.

Il n'est pas nécessaire toutefois pour l'action de revendication ; d'avoir le domaine plein et entier, ni d'avoir un droit irrévocable. On peut revendiquer alors même que la propriété soit imparfaite, c'est-à-dire, qu'on soit susceptible de la perdre, par l'événement de quelque condition. On peut revendiquer la nue propriété ou une copropriété indivise. C'est ainsi que le propriétaire grevé de substitution pourrait valablement intenter une revendication.

Toute action suppose un droit violé, et c'est contre cette violation que l'on proteste en réclamant le respect du droit. C'est au demandeur à qui incombe la preuve de sa prétention ; c'est à celui qui avance un fait contraire à l'état naturel des choses, un fait nouveau, à en établir le fondement.

Mais il ne suffira pas au demandeur de prouver qu'il a acquis la chose par un mode régulier d'acquisition ; il faudra qu'il prouve non-seulement un mode légal d'acquisition en sa personne, mais encore la préexistance du droit de propriété, en la personne de ses auteurs?

En effet, pour transférer valablement la propriété d'une chose, il faut soi-même en être propriétaire, personne ne pouvant donner ou transmettre ce qu'il n'a pas.

Mais cette preuve qu'on réclame du demandeur, paraît impossible à faire, cette nécessité où on le place, semble exorbitante ! Elle le serait, en effet, si la prescription ne venait à son secours, en réduisant la preuve qu'il doit faire à des proportions plus équitables. Elle le met pleinement à couvert, s'il prouve que son auteur ou lui-même ont possédé, pendant un laps de temps de 10, 20 ans, ou 30 ans, suivant les cas.

Il peut se faire que les parties rapportent l'une et l'autre des titres translatifs de propriété, qu'elles aient traité avec le vrai maître, successivement, ou avec deux personnes différentes qui n'étaient pas propriétaires : dans le premier cas, on suivra les règles sur la transmission de la propriété immobilière, lesquelles subordonnent l'acquisition à l'antériorité de la transcription, dans le second cas, on règlera la préférence d'après l'antériorité des titres eux-mêmes.

CHAPITRE V.

CONTRE QUI PEUT ÊTRE INTENTÉE LA REVENDICATION.

Ce n'est que contre le possesseur que la revendication peut être intentée régulièrement. Lui seul porte atteinte au droit de propriété du revendiquant, et en empêche l'exercice.

Les jurisconsultes romains s'étaient demandé quelle était l'espèce de possession que devait avoir le défendeur pour être passible de la revendication ; les uns pensaient qu'elle pouvai têtre intentée seulement contre ceux qui avaientla possession *animo domini* et non contre ceux qui possédaient pour autrui ; les autres parmi lesquels nous distinguons Ulpien, prétendaient qu'il suffisait que le défendeur détînt la chose, et fût en mesure de la restituer. C'est cette dernière opinion qui prévaut en droit français, pourvu que le possesseur défende à l'instance en tant que propriétaire ; il faut remarquer que l'autorité de la chose jugée ne sera pas opposable aux tiers. Il y a aussi lieu d'appliquer le principe romain (1), si un tiers prétend faussement posséder la chose revendiquée, *se liti obtulit* : hypothèse, du reste, extrêmement rare en pratique, à moins de supposer chez le demandeur une négligence en quelque sorte sans excuse. Toujours est-il que dans ce cas, ce dernier ne pourra que réclamer du faux possesseur une indemnité égale au préjudice causé. La demande en revendication intentée n'aura aucun effet vis-à-vis du véritable possesseur, pas plus pour interrompre une prescription commencée que pour le constituer de mauvaise foi, à moins que ce dernier effet ne résulte des circonstances.

Il est encore un cas, en droit romain ou la revendication peut être intentée contre celui qui ne possède pas à savoir dans l'hypothèse où le possesseur redoutant une action imminente, a cessé de posséder par fraude avant l'instance. Il en serait de même, si pendant les débats, il s'est soustrait aux suites de l'action, en abandonnant la chose, objet du litige. D'après les principes romains *qui dolo desiit possidere tenetur quasi possideret.* Dans le premier cas, les jurisconsultes donnaient une action *in factum* au revendiquant, si le possesseur s'était substitué une autre personne, et une action *in rem*, dans le cas où il avait abandonné la chose purement et simplement,

(1) L. 27, pr. D,VI.I.

de façon à ce qu'il obtînt par l'une ou l'autre de ces actions, la réparation du dommage causé. Cette jurisprudence était suivie dans notre ancien droit, mais notre code actuel s'en est écarté complétement, et on ne donnerait plus aujourd'hui qu'une action personnelle en dommages-intérêts fondé sur le préjudice éprouvé.

Quant aux héritiers du détenteur, ils ne seront passibles de la revendication, non pas comme héritiers et continuateurs de la personne du possesseur, mais seulement en tant qu'eux-mêmes posséderont la chose revendiquée, et pour la part seule qu'ils auront dans cette chose. Tandis que, les actions personnelles se donnent indistinctement contre tous les héritiers, en raison de l'émolument qu'ils prennent, au contraire, l'action de revendication ne peut être donnée contre l'héritier du possesseur que s'il joint à la qualité d'héritier, celle de détenteur, sauf les questions de garantie, nées du partage, qui peuvent surgir entre héritiers, et dont l'effet n'est pas de modifier la portée de l'action de revendication. Quant aux demandes accessoires à l'action de revendication, demandes qui peuvent comprendre, soit la restitution des fruits qu'un possesseur de mauvaise foi a perçus, soit les dommages-intérêts résultant de dégradations par lui faites, les héritiers de ce détenteur en sont tenus, comme obligations personnelles contractées par leur auteur envers le revendiquant, et ils en sont tenus pour la part et portion pour laquelle ils sont héritiers. Ces obligations font partie de la succession. De même si le possesseur poursuivi, vient à mourir après la demande intentée, il est évident que l'instance se continue contre ses héritiers, et si leur auteur défunt a volontairement et par dol, perdu la possession, ils seront tenus dans la limite de leur part héréditaire de la réparation du préjudice envers le revendiquant. Ce sont encore des obligations personnelles au *de cujus*.

SECTION PREMIÈRE.

Des effets de l'exception de garantie opposables à la revendication.

Examinons maintenant quelle influence l'exception de garantie pourra exercer sur l'action de revendication. Un tiers revendique un immeuble, alors qu'il est lui-même obligé à garantie envers le possesseur qu'il veut évincer [illegible] ui-ci le repoussera en vertu de la maxime : [illegible] *de evictione tenet actio eumdem agentem repellit exceptio*. Si enfin, nous supposons que ce n'est pas le revendiquant lui-même qui est tenu à garantie, mais son auteur, la situation sera identique, et grâce à la même exception, le défendeur aura gain de cause. Mais, devrons-nous admettre une semblable solution si l'auteur obligé de garantir au détenteur une possession paisible, meurt en laissant plusieurs héritiers? L'un d'eux pourra-t-il revendiquer pour partie, ou l'obligation de garantie aura-t-elle pour effet d'empêcher même une revendication partielle? Ce qui revient à rechercher, en un mot si l'obligation de garantie est indivisible ou non. Nous admettrons avec la majorité des auteurs que l'obligation de garantie est indivisible, et que par conséquent, l'un des héritiers du vendeur, ne pourrait, même en déduisant une part proportionnelle à sa portion héréditaire, exercer de son propre chef l'action de revendication contre l'acheteur. Arrêt de la cour de Bruxelles du 15 janvier 1855. Il en était ainsi dans notre ancienne jurisprudence. C'était l'avis de Dumoulin, de Voët, de Pothier. — Elle est indivisible en ce sens que l'acheteur peut, de son côté opposer l'exception de garantie pour le tout à celui qui n'aurait succédé que pour partie à l'obligation née dans la personne de son auteur, et le faire déclarer non recevable dans sa demande (1). Le défendeur y a droit, en effet, que le revendiquant soit lui-même tenu personnellement, ou du chef d'une autre personne, aux droits de laquelle il a succédé. La garantie s'applique à la possession paisible d'une chose considérée dans toutes ses parties, qu'il s'agisse de défendre le possesseur en justice contre une éviction quelconque ou qu'on l'envisage comme la défense

(1) *Singulis quidem in solidum*, dit Voët, *defendi necessitas incumbit.*

d'apporter soi-même un trouble à cette possession Mais il faudrait reconnaître qu'elle est divisible, si l'éviction consommée, il s'agit d'indemniser le garanti et de lui payer à la fois des dommages-intérêts et la valeur de la chose. On peut trouver dans l'obligation de garantie deux obligations distinctes : la première, qui est indivisible et qui consiste à défendre le tiers garanti contre toute éviction, la seconde, qui est de réparer le dommage causé par l'éviction que l'on a été impuissant à empêcher : cette dernière est divisible. Dumoulin (1) dit de même : *Obligatio quâ quis tenetur de evictione habet duo capitula : primum faciendi secundum dandi*. Ce n'est donc que pour sa part que l'héritier appelé en garantie peut être tenu de rembourser les dépenses occasionnées par l'éviction (2).

A ce propos, on s'est demandé si la femme mariée sous le régime de communauté pouvait revendiquer son immeuble, vendu par le mari, alors qu'elle accepte la communauté. Et tout d'abord, la question ne peut faire difficulté, si le mari, en vendant l'immeuble appartenant à la femme, l'a déclaré expressément, ou lorsque cette circonstance a été connue autrement du tiers qui s'est rendu acquéreur. Le mari n'est pas tenu à ga-

(1) N° 41 1re Partie.

(2) Duvergier I. 355. Duranton XI 265. Contra Arrê. de la Cour de Caen 8 décembre 1808 confirmé par la Cour de Cassat., le 19 février .8.1.

rantie dans ces deux hypothèses, et le seul droit qu'ait le tiers acheteur, c'est de réclamer le prix payé sans cause par une sorte de *condictio sine causâ*. Enfin, il résulte des principes qui régissent la communauté, que la femme, au cas où elle renonce à sa part, peut revendiquer l'immeuble aliéné par son mari, puisqu'il est écrit dans l'article 1483 qu'elle n'est tenue que jusqu'à concurrence de son émolument. Mais les auteurs se divisent quand le mari a vendu l'immeuble comme étant sien et a traité avec un tiers dont la bonne foi est constante. Qu'arrivera-t-il ? Le droit de propriété de la femme ne peut être dépourvu de sanction.

La question ne faisait pas doute dans l'ancien droit, et on admettait généralement que la femme était recevable à exercer la revendication, mais on n'était pas d'accord pour savoir si elle devait ou non contribuer, en sus de la moitié du prix, à la moitié des dommages-intérêts réclamés par l'acheteur. Pothier cependant dans une première opinion, qu'il abandonna par la suite, se fondant sur l'obligation de garantie à laquelle, selon lui, devait participer la femme, n'admettait la revendication que pour moitié. Nous déciderons, sous l'empire de notre législation actuelle que la femme a le droit, même en cas d'acceptation de la communauté, de revendiquer un immeuble aliéné par son mari, qu'il ait agi ou non en son nom propre, à charge pour elle de restituer la moitié du prix et des dommages-intérêts, qui peuvent être dus à l'acheteur évincé. Mais d'autres systèmes ont été soutenus. Les uns ont distingué entre le cas où le mari a été de bonne foi, et celui où il a été de mauvaise foi, décidant dans cette dernière hypothèse, que le mari étant stellionataire, n'a pu obliger sa femme par son délit, et qu'en conséquence, elle n'est nullement tenue des dommages-intérêts. D'autres auteurs, reprenant la première idée de Pothier, veulent que la femme ne puisse revendiquer, que pour moitié, l'immeuble vendu par son mari, en se fondant comme notre ancien jurisconsulte, sur ce que l'obligation de garantie ferait partie du passif de la communauté tenue sans distinction de paiement de toutes les dettes. Mais cette décision repose sur une confusion entre la situation de la femme, et celle d'un héritier ordinaire. La femme ne saurait être considérée comme succédant aux obligations de son mari, mais seulement comme associée à ces obligations mêmes. Ce n'est qu'à ce point de vue qu'on peut décider qu'elle doit la moitié des dommages-intérêts et la moitié du prix à l'acquéreur qu'elle évince. Elle est tenue en tant que commune, et non en vertu de la garantie de vente à laquelle s'est obligé son mari : ce dernier n'a pu l'engager malgré elle, étant lui-même en contravention avec la loi. S'il en était autrement, le mari pourrait dépouiller indirectement la femme, de son droit de propriété, puisqu'elle se trouverait, malgré elle, obligée à garantie pour moitié de son immeuble. Comment concevoir que le mari ait pu transférer au tiers acheteur un droit quelconque de propriété, sur un immeuble qui ne lui appartient pas; et en conséquence, ce n'est que contre la communauté que le tiers a une action en indemnité. Certes il en serait autrement, si la femme succédait à son mari, en qualité d'héritière pure et simple; mais nous avons déjà repoussé toute assimilation entre la situation d'héritier, et celle d'une femme commune en biens et acceptante. Son obligation naît de l'acceptation faite par elle de la communauté, l'acheteur est sans droit pour lui opposer la maxime : « *Quem de evictione tenet actio eumdem agentem repellit exceptio.* » Mais si la femme peut revendiquer son immeuble pour le tout, si l'engagement de son mari, de garantir le tiers de bonne foi ne peut la rendre non recevable à exercer l'action de revendication, du moins on comprend que l'équité exige qu'elle rembourse la moitié du prix dont la communauté a profité et qu'elle a trouvé confondu dans l'actif, et qu'elle contribue pour moitié aux dommages-intérêts, comme à l'égard de toute autre charge de la communauté. Elle n'est tenue, toutefois, comme nous l'avons dit plus haut, de payer que jusqu'à concurrence de son émolument dans la communauté. Remarquons que dans un dernier système, on prétend que la femme peut revendiquer son immeuble en totalité, à charge de payer seulement la moitié du prix, sauf à l'acheteur à recourir contre le mari ou ses héritiers pour l'ensemble des dommages-intérêts qui lui sont dus. Mais une opinion aussi absolue ne repose pas sur des arguments solides. Notre opinion, qui était celle de Lebrun, était suivie dans notre ancienne jurisprudence (1).

Dans tous les cas où la femme exerce sa revendication, elle ne peut le faire, pendant la durée de la société conjugale, qu'avec l'autorisation de son mari.

Il nous paraît même qu'il faudrait admettre qu'elle ne saurait, pendant ce même temps, l'exercer avec la simple autorisation de justice : autrement, on porterait atteinte à la tranquillité du ménage ; l'action en revendication qu'intenterait la femme, devant forcément réfléchir contre le mari, obligé à garantie. Le vœu que la loi exprime formellement serait violé.

SECTION DEUXIÈME.

De la tierce opposition, en concours avec la revendication.

Un jugement reconnaît un tel propriétaire d'un immeuble qu'un tiers dit lui appartenir. Agira-t-il par voie de revendication ou de tierce

(1) Duranton. XVI 321. Rodière et Pont I 686 Odier I 281.

opposition? Quelle sera la préférable à suivre? Sur ce point, nous touchons à une controverse qui divise encore les jurisconsultes modernes, à savoir dans quels cas il y aura lieu à la tierce opposition. « *Une partie*, dit l'article 474, *peut former tierce opposition à un jugement qui préjudicie à ses droits, et lors duquel ni elle ni ceux qu'elle représente n'ont été appelés.* »

Or, si le tiers dont s'agit n'a pas été partie au procès, qu'aura-t-il besoin de procéder par voie de tierce opposition? puisque nous savons qu'aux termes de l'article 1351, Cod. civ., les jugements ne sauraient nuire ni profiter aux tiers. Telle est la difficulté qui vient à naître, lorsque l'on compare ces deux textes. Il semble qu'en vertu de la maxime : *Res inter alios judicata aliis neque nocere neque prodesse potest*, le tiers qui se trouvera lésé par le prononcé d'un jugement pourra se borner à nier l'effet de ce jugement à son égard, et obtenir nécessairement gain de cause. C'est ce que Merlin (1) enseigne; et, d'après lui, la personne atteinte par l'effet d'un jugement, dans lequel elle n'a pas été partie, aura le choix entre deux moyens de défense : ou agir par voie de tierce opposition, procédure difficile et coûteuse, ou opposer simplement le principe, que les jugements n'ont d'effet qu'entre les parties. Cette opinion est inacceptable, car

(1) Merlin. Répre.

on comprend qu'elle est la négation même de la tierce opposition.

Un autre système, proposé par Proudhon (1) consiste à dire que l'article 1351 énonce un principe que l'article 474 met en œuvre. Ainsi donc, la procédure de la tierce opposition est la seule au moyen de laquelle un tiers lésé puisse réagir contre un jugement qui lui est étranger. L'emploi de la tierce opposition, au lieu d'être facultatif, comme dans le système de Merlin, est obligatoire. Nous ne le croyons pas fondé davantage. Il s'ensuivrait, en effet, que la tierce opposition perdrait son caractère principal, qui est de réformer les jugements, en ce qu'ils ont de contraire aux intérêts des tiers. L'article 1351 se borne à poser un principe général; mais sans prétendre toucher en rien aux jugements eux-mêmes. Ceux qui n'y ont pas été parties ne peuvent ni en tirer profit ni avoir à en souffrir: rien de plus ne ressort des termes de cet article. On forcerait autrement le tiers auquel nuit le jugement à faire lui-même la preuve qu'il a été étranger au procès, contrairement aux règles du droit commun; car il joue dans l'espèce le rôle de défendeur à la demande qu'en vertu du jugement on introduit contre lui. C'est donc au demandeur, qui s'appuie sur l'autorité de la chose jugée, à prouver, conformément à l'article 1350,

(1) Proudhon, Traité de l'Usufr.

que le procès a été jugé réellement contre le tiers auquel on l'oppose. Ne serait-il pas injuste enfin de forcer le tiers lésé à se conformer aux règles de compétence et de juridiction prescrites en matière de tierce opposition (art. 475-476).

Nous pensons que la tierce opposition n'est qu'un moyen, mis à la disposition des parties pour faire réformer un arrêt qui leur préjudicie et que le seul but de cette procédure est d'empêcher l'exécution du jugement. Il est facile de faire l'application de ce principe à la matière qui nous occupe. Le tiers qui se prétend propriétaire, devra-t-il agir par voie de revendication directe, ou par voie de tierce opposition ? Agit-il par voie de revendication ? Il est forcé de laisser le jugement recevoir son exécution. La chose venant en la possession de celui qui aura triomphé dans le procès pourra subir des détériorations, être détruite, par l'effet d'un cas fortuit, ou même être soustraite frauduleusement à ses recherches. On évitera ces résultats au moyen de la tierce opposition. Par elle, le tiers intéressé obtiendra que l'exécution du jugement soit suspendue, et que le sequestre de la chose garantisse son droit éventuel. On voit que la tierce opposition sera de beaucoup la plus avantageuse. Remarquons cependant que lorsqu'il s'agira d'immeubles, la tierce opposition sera incapable d'arrêter l'exécution du jugement, l'art. 478 le dit en termes exprès. Cependant même dans ce cas, si le perdant au procès était un possesseur à titre précaire qui détînt la chose au nom du tiers auquel préjudicie le jugement, l'intérêt de ce dernier lui commanderait d'agir par tierce opposition ; car il recouvrerait par cette voie la possession de l'immeuble, et en conséquence l'immense avantage d'être déchargé du fardeau de la preuve.

CHAPITRE VI.

EFFETS DE LA REVENDICATION. — PRESTATIONS DU DÉFENDEUR.

Par l'action de revendication, le demandeur obtiendra et la reconnaissance de son droit et la restitution de sa chose. Le défendeur sera condamné à rendre l'objet revendiqué, et comme les jugement sont un effet rétroactif, le demandeur qui a obtenu gain de cause, recevra la chose par lui réclamée, telle qu'elle était à l'époque de la demande avec ses accessoires et accessions encore existant, avec la bonification des produits ou émoluments de la chose *res cum omni causâ restituenda est* et la réparation des dommages que le propriétaire aurait pu éviter, s'il avait possédé lui-même, *verbo restitutionis omnis utilitas actoris continetur. D. L.* 81, *Liv.* 50, *Tit.* 16. Car bien que cette action soit réelle et que son objet principal soit de faire reconnaître le droit de propriété du demandeur, elle a, néanmoins, quelquefois, ainsi que nous allons le voir, des conclusions personnelles qui lui sont accessoires, qui naissent de quelques obligations que le possesseur de la chose revendiquée a contractées par rapport à cette chose envers le demandeur en revendication. Il en est de même en matière de pétition d'hérédité. *Petitio hereditatis etsi in rem actio sit habet tamen prœstationes quasdam personales.* (*L.* 25, *p.* 18 *de petit. heredit.*)

Il nous faut parcourir les différentes manières dont cette restitution devra être faite, et comparer les situations des possesseurs, selon qu'ils auront été de bonne ou de mauvaise foi.

Et d'abord, il a pu arriver que l'objet litigieux, meuble ou immeuble, se soit augmenté à proprement parler ou du moins, ait produit des fruits ou des intérêts. Le défendeur devra restituer ces accessoires et ces fruits quelle qu'en soit la nature. Il suffit que le demandeur ait pu retirer de sa chose quelqu'utilité appréciable à prix d'argent dont le possesseur l'a privé, en la retenant injustement. Les fruits existent-ils encore adhérant à chose revendiquée, ils appartiennent au propriétaire de la chose dont ils sont une partie intégrante. En sont-il déjà séparés, c'est alors qu'il nous faut distinguer entre le possesseur de mauvaise foi et le possesseur de bonne foi.

L'origine de la possession du tiers de mauvaise foi étant un délit ou un quasi délit, il s'est obligé par là même envers le maître de la chose, à réparer tout le dommage qui résultera de son indue possession. Il devra donc restituer sans distinction tous les fruits qu'il a perçus, et même ceux qu'il aurait pu retirer de la chose et qu'il a négligé de recueillir, c'est-à-dire, tout ce que le revendiquant aurait pu faire produire à sa chose, s'il l'avait eue en sa possession : « *Omne quod habiturum foret petitor si restituta illi res fuisset* » disaient les Romains. Il devra tous les fruits effectivement perçus, alors même qu'il aurait abusé de la chose, et que sa jouissance en eût été excessive. A plus forte raison est-il garant de son dol? Mais si la preuve de la perception réelle ne peut être faite ; nous pensons que pour estimer les fruits et en apprécier la valeur, on ne doit pas avoir plus égard à la personne du défendeur qu'à celle du demandeur. Il faudra prendre pour mesure la conduite d'un propriétaire soigneux en général, et la quantité de fruits à restituer sera ce qu'un bon administrateur aurait réellement perçu. La façon dont cette restitution devra être faite, quand elle sera ordonnée par justice est réglée par l'art. 129 du Code de procédure civile, dans les termes suivants qui se passent de commentaire : « *Les jugements qui condamneront à une restitution de fruits ordonneront qu'elle sera faite en nature pour la dernière année ; et pour les années précédentes suivant les mercuriales du marché le plus voisin eu égard aux saisons et aux prix communs de l'année, sinon à dire d'experts à défaut de mercuriale ; si la restitution en nature pour la dernière année est im-*

possible, elle se fera comme pour les années précédentes. »

Le droit romain, quand il s'agissait d'un possesseur de bonne foi, distinguait entre les fruits encore existant, et ceux consommés au moment de la demande; les premiers appartenaient au demandeur, la mauvaise foi de son adversaire s'étendant aux fruits existant comme à l'objet lui-même. Les jurisconsultes romains paraissent aussi avoir été partagés sur le point de savoir si le bénéfice des fruits accordés au possesseur de bonne foi, devrait être restreint aux fruits qui exigent des soins de culture, ou s'il devait s'étendre même à ceux que la terre produit spontanément. Notre ancienne jurisprudence et après elle notre Code, n'ont pas reproduit ces distinctions. Le possesseur de bonne foi fait les fruits siens. Il gagnera les fruits par lui perçus de bonne foi, nous dit l'article 138. Il a sur eux un droit de propriété absolu.

Mais il s'agit maintenant de savoir quand le possesseur sera de bonne foi. Or, d'après l'article 550, le possesseur est de bonne foi, quand il possède comme propriétaire, en vertu d'un titre translatif de propriété dont il ignore les vices. De cet article, combiné avec l'article 2265, il résulte que deux choses sont essentielles pour que le possesseur acquiert les fruits : la bonne foi et le juste titre. « *Bona fides*, nous dit Pothier, *nihil aliud est quam justa opinio quæsiti domini,* » c'est-à-dire la croyance qu'a le possesseur qu'il est légitimement propriétaire, croyance qui doit être raisonnable, et doit reposer sur une erreur plausible. Le juste titre est un acte de nature à lui faire croire que la propriété de la chose, objet du litige, lui a été réellement transférée; dans l'ignorance du vice qui affecte ce titre, le possesseur détient la chose *animo domini*.

Mais il peut se faire que le titre n'existe pas en réalité, en un mot que ce soit un titre putatif. Que décider dans cette hypothèse? Les jurisconsultes romains furent longtemps divisés sur cette question, et après avoir déclaré qu'aucune croyance erronée ne pourrait remplacer le titre lui-même, s'accordèrent pour distinguer l'erreur excusable de celle que rien ne justifiait (1). Cette distinction doit-elle subsister aujourd'hui? L'affirmative est soutenue par des auteurs éminents; et nous nous y rangerons de préférence. Vainement, oppose-t-on que la loi exige un titre; elle en tolère les vices, mais elle veut qu'il ait une existence certaine : nous répondrons qu'il suffit qu'il y ait bonne foi; c'est aux juges à s'en rendre compte; leur pouvoir d'appréciation, à ce sujet, ne comporte pas de limites. Rien, dans le code, ne peut donner à penser que les législateurs français aient voulu s'écarter du système admis à Rome. Notre décision, du reste, est sanction-

(1) L. 9 D. *pro Legato* hermogenien.

née par la jurisprudence (1), et on admet généralement que le titre putatif joint à la bonne foi donne au possesseur le droit de gagner les fruits.

De même en sera-t-il dans le cas où le possesseur a acheté *a non domino*, alors que cette circonstance ne lui a pas été connue. De même aussi dans le cas où celui qui a transféré la chose, était légalement incapable de le faire. Car, acquérir les fruits constitue une question de fait et point une question de droit. Supposons enfin que le titre soit affecté d'une nullité pour vices de formes : la loi ne distingue pas, et nous admettrons que joint à la bonne foi, ce titre sera suffisant pour fonder le droit aux fruits. Remarquons cependant qu'en matière d'usucapion, l'art. 2267 s'oppose à ce qu'un pareil titre puisse être d'aucun secours au tiers de bonne foi, pour prescrire par 10 ou 20 ans.

Quant à l'erreur de droit, constitue-t-elle un obstacle à l'acquisition des fruits? C'est ce que pensent un grand nombre d'auteurs et avec eux une partie de la jurisprudence. Tel n'est point notre avis, et fort de la puissante autorité de M. Demolombe, nous objecterons à ce système que la loi nulle part ne fait de distinction, que si la règle *nemo censetur ignorare legem* peut être vraie en droit criminel, du moins le droit civil

(1) Cass. 21 févr. 1834. 8 févr. 1837.

n'en a-t-il fait aucune application. La loi ne veut qu'une chose, que la bonne foi du possesseur soit évidente et indiscutable, mais les termes dont s'est servi le législateur n'ont point d'autre portée. La question de droit est déplacée en matière pareille. Y a-t-il eu ou non bonne foi réelle? Ce sera aux juges à décider suivant les circonstances. Or, la bonne foi est toujours présumée : que le revendiquant prouve que les faits allégués par le possesseur, ainsi que le titre qu'il invoque, sont faux et dénués de fondement. Il pourra prouver la mauvaise foi par tels moyens que bon lui semblera, puisqu'il se trouve dans l'hypothèse prévue par l'article 1348 1°.

On peut se demander quelle sera, vis-à-vis du revendiquant, la situation de l'héritier du possesseur de mauvaise foi? S'il est lui-même de bonne foi, pourra-t-il faire les fruits siens? L'identité que présente sa position personnelle avec celle d'un possesseur de bonne foi ordinaire, a fait décider qu'il jouirait du même bénéfice. Comme lui, il est de bonne foi; comme lui, il a un juste titre; et cependant, on a opposé que comme héritier, il a dû succéder à la mauvaise foi de son auteur : qu'il n'a fait que continuer la possession vicieuse de ce dernier. Cette objection serait valable en matière de prescription, mais elle perd toute sa force, alors qu'il ne s'agit ici que d'un pur fait, de l'acquisition personnelle des fruits par l'héritier. On insiste et on ajoute, qu'en admettant même notre opinion, le résultat vers lequel nous tendons ne sera pas atteint ; car de toute façon, comme l'héritier pur et simple succède aux obligations du *de cujus*, il sera tenu de garantir le revendiquant, de tous les dommages que lui aura causés l'usurpation de son auteur, y compris les fruits que lui fait perdre la bonne foi de son successeur. Notre savant doyen est le premier qui, dans la doctrine que nous soutenons, ait répondu à ce dernier argument, et il l'a fait victorieusement, en disant qu'il n'était pas juridiquement vrai que l'obligation du possesseur, même de mauvaise foi, de rendre compte des fruits perçus, fût née avant la demande en revendication intentée par le véritable propriétaire. Il serait injuste, ajoute M. Demolombe, que cette obligation de responsabilité survécût, avec toute sa force, au fait de la possession de la chose, par celui-là même qui s'en est indûment emparé. L'acte par lequel le possesseur de mauvaise foi a cessé de posséder, n'est ni un délit, ni un quasi-délit. C'est un cas de force majeure, pour lequel il ne saurait encourir de responsabilité posthume. Une nouvelle possession a commencé, distincte de l'ancienne; la bonne foi de l'héritier est un fait nouveau, qui s'impose au revendiquant, sans qu'il puisse, en raison de ce fait, exercer un recours contre la succession du précédent possesseur.

Il faut remarquer cependant que, dans notre

ancien droit, la doctrine opposée à celle que nous soutenons avait prévalu. Pothier nous dit que l'héritier est tenu de rendre tous les fruits, à compter de l'indue possession de son auteur; se fondant sur l'argument déjà présenté, à savoir que l'héritier succède aux obligations du *de cujus* et que sa possession n'était qu'une continuation de celle du défunt, et en a tous les vices.

Mais quels seront ces fruits que fera siens le possesseur de bonne foi? Tous les fruits sans distinction, nous répond la loi, pourvu qu'il les ait perçus lui-même, où fait percevoir par un tiers en son nom. Il jouira même des produits auxquels une destination précédente aura donné le caractère de fruits; mines, carrières, futaies, etc. — C'est dans l'équité que ce droit trouve son fondement; sa cause, dans le bienfait de la loi. Il est juste que ce possesseur qui a dépensé des revenus qu'il pensait tirer d'une chose sienne, qui en raison de cet accroissement de fortune, a vécu plus largement, *lautiùs vixit,* ne puisse se trouver subitement sous le coup d'une restitution de fruits, dont l'accumulation considérable peut amener sa ruine. La loi qui le protége d'une manière si évidente, n'a pu permettre ce résultat.

C'est par la perception, avons-nous dit, qu'il acquiert les fruits; il s'ensuit que cette bonne foi qui lui sert de titre devra être constante à chaque époque nouvelle où les fruits seront perçus. Peu importe qu'elle ait subsisté ou non pendant l'intervalle ; mais il la faut entière à chaque perception. C'est une différence bien remarquable avec ce qui se passe en matière de prescription ; c'est uniquement, en ce cas, au commencement de la possession qu'on a égard, et ce n'est qu'à ce moment qu'on exige la bonne foi, *mala fides superveniens non impedit usucapionem*.

Mais que décider s'il s'agit de fruits civils? Faudra-t-il assimiler le possesseur à l'usufruitier, et en conclure qu'il les acquerra jour par jour. Cette opinion compte de nombreux partisans : nous repousserons néanmoins ici une telle assimilation, et nous déciderons que seul un paiement effectif et réel pourra en transférer la propriété au possesseur, nous sommes en présence d'une exception au droit commun, introduite par la loi *favoris causâ* : on ne saurait l'étendre au-delà de ses termes. L'usufruitier peut invoquer un droit, le possesseur de bonne foi ne peut invoquer qu'une faveur. On doit se montrer plus sévère dans ce dernier cas : il faudra donc qu'il ait perçu réellement les fruits civils.

Supposons enfin que la bonne foi du possesseur vienne à cesser; ce qui arrivera, comme nous l'apprend l'article 550, du jour où les vices de son titre lui seront connus, et de toute façon, lors de la demande en revendication intentée contre lui. De ce moment, il n'y a plus à distinguer le possesseur de bonne foi et le possesseur de mauvaise foi. A partir de ce moment leur situation devient identique, comme en droit romain, à partir de la *litis contestatio*, les possesseurs de bonne et de mauvaise foi étaient assimilés pour les faits postérieurs à cette *litis contestatio* (1). Seulement alors le possesseur de bonne foi répond de son dol et de sa faute; seulement alors il est tenu des détériorations provenues de son chef et obligé de restituer tous les fruits.

En principe, la restitution doit se faire immédiatement; cependant, si le défendeur se trouve dans l'impossibilité de rendre de suite la chose, il peut lui être accordé un délai après qu'il a donné caution de la remettre dans un temps fixé.

Dans quel lieu doit se faire la restitution? S'il s'agit d'immeubles, ce lieu est indiqué d'une façon suffisante par leur situation; s'il s'agit de meubles et s'ils sont situés dans un endroit différent de celui où l'on plaide, il faut encore distinguer entre les possesseurs de bonne ou de mauvaise foi. — Est-il de bonne foi, on ne peut l'assujettir à rendre la chose dans un lieu autre que celui où elle se trouve; et s'il y a lieu à un transport quelconque, c'est aux frais du revendiquant. Est-il au contraire de mauvaise foi, il doit seul supporter les frais du transport, auquel son déplacement peut donner lieu.

Mais il peut présenter des cas, où par une

(1) L. 45 D. Liv. 6, T. 1.

cause quelconque, la restitution soit impossible. Si d'abord, l'impossibilité de restituer résulte d'un cas fortuit qui ne puisse pas être imputé au défendeur, toute responsabilité cesse pour le possesseur de bonne foi; la résistance du défendeur qui se croit propriétaire, étant juste en principe ne saurait lui nuire; et il n'est pas nécessairement constitué en demeure par la demande du revendiquant. Mais, au contraire, cette demeure serait évidente, si le cas fortuit n'était arrivé qu'après le jugement rendu et le commandement de restituer.— Dans ce cas, il devrait payer la valeur de la chose, et il ne serait déchargé de cette obligation que s'il parvenait à prouver que l'objet restitué immédiatement eût péri chez le propriétaire.

Quant au possesseur de mauvaise foi, qu'il ait été ou non en demeure, il est responsable de tout dommage envers le propriétaire, chaque fois que celui-ci aurait pu éviter ou prévenir cette perte, si la chose lui avait été plus tôt rendue.

Si enfin la restitution est devenue impossible par le dol ou la faute du défendeur, si c'est dans une intention frauduleuse et malveillante qu'il a cessé de posséder, il est tenu de tout le dommage; l'action en revendication s'efface pour donner naissance à une action en dommages et intérêts qui la nove et en tient lieu.

Le possesseur de bonne foi n'est tenu de restituer la chose que dans l'état où elle se trouve, sans qu'aucune responsabilité puisse être par lui encourue pour les changements apportés ou les dégradations commises. Il a dû croire que la chose lui appartenait ; s'il a mal administré, il ne pensait pas nuire à autrui : *nulli querelæ subjectus est qui rem quasi suam neglexit.* Toute son obligation doit consister à ne point s'enrichir aux dépens du véritable maître de la chose ; mais remarquons cependant que le possesseur aurait à répondre des dégradations par lui faites dans le cas où il en aurait tiré un profit quelconque.

Nous venons de voir que lorsque sur l'action de revendication, le demandeur a prouvé son droit, le possesseur est condamné à délaisser la chose revendiquée. — Cependant, il peut arriver que dans certains cas le possesseur ait déboursé quelque somme ou contracté quelque obligation dans le but de conserver ou d'améliorer la chose. Le demandeur est alors obligé de rembourser au préalable les impenses faites par le possesseur, et de le rendre complétement indemne. Mais tous les frais faits par ce dernier ne donnent pas lieu pour lui à répétition, et en ce qui regarde la nature des dépenses susceptibles ou non d'être remboursées, il faut les diviser en 3 classes : nécessaires, utiles, de simple entretien.

Les impenses nécessaires, c'est-à-dire celles qui ont eu pour objet la conservation de la chose revendiquée, doivent être remboursées intégralement, sans qu'il y ait en général à distinguer si le défendeur était de bonne ou de mauvaise foi au moment où il les a faites, et alors même que par suite d'un cas fortuit elles ne profiteraient en rien au propriétaire qui revendique. De même qu'il ne serait pas responsable d'avoir négligé des réparations nécessaires, si l'immeuble venait postérieurement à être détruit par une force majeure.

Quant aux impenses utiles, c'est-à-dire à celles qui, sans avoir été indispensables à la conservation de la chose, ont eu pour objet et pour résultat d'en augmenter la valeur, elles sont dues dans la limite de la plus-value apportée à la chose, sans qu'il faille ici distinguer davantage entre le possesseur de bonne ou de mauvaise foi. Personne ne doit s'enrichir aux dépens d'autrui ; c'est une règle d'équité qu'on ne saurait violer, même quand il s'agit d'un possesseur de mauvaise foi. L'art. 1381 nous le dit du reste en propres termes : « *Celui auquel la chose est restituée, doit tenir compte, même au possesseur de mauvaise foi, de toutes les dépenses nécessaires et utiles qui ont été faites pour la conservation de la chose.* »

Enfin, quant aux dépenses de simple entretien qui sont considérées comme charge des fruits, elles ne peuvent être l'objet d'aucune répétition de la part du possesseur de bonne foi, qui trouve dans les fruits qu'il a fait siens une compensation suffisante. Mais nous ne saurions donner une solution équivalente pour le possesseur de mauvaise foi. Le propriétaire ne doit pas s'enrichir à ses dépens. Toutefois, ici, le droit romain distinguait, et refusait au possesseur dont la mauvaise foi était évidente tout droit d'être remboursé des sommes par lui dépensées, et cela à titre de peine. Notre droit moderne, conforme en cela à notre ancienne jurisprudence, a repoussé cette doctrine. Le maître doit rembourser toutes les impenses faites pour obtenir les fruits dont la restitution s'opère, et même les frais occasionnés par ceux qui sont encore en terre : *fructus non sunt nisi deductis impensis*. Si l'article 548 ne parle que des frais de labour, travaux et semences, c'est qu'il ne vise que l'hypothèse de la revendication d'un fonds de terre. Il faudrait même, d'accord avec ces principes, aller jusqu'à admettre que le possesseur ne serait pas tenu de restituer au revendiquant les bénéfices qu'il aurait retirés non directement de la chose elle-même, mais seulement à son occasion, et qu'il devrait à son intelligence personnelle (1) ; question de fait qu'il faut du reste renvoyer aux tribunaux.

En ce qui touche maintenant les dépenses voluptuaires ou de simple agrément, dont le résultat n'a point été d'augmenter la valeur de la chose, nul n'est en droit d'en demander le remboursement, puisqu'elles ne sont pas une cause de plus-value pour la chose du revendiquant. On ne sau-

(1) Demol. T, 9 N° 587.

rait sans danger étendre jusqu'à ces dépenses les principes d'équité en faveur du possesseur de bonne foi ; mais on peut permettre au défendeur, qu'il soit de bonne ou de mauvaise foi, d'enlever tous les objets qui peuvent l'être sans détérioration et en tant seulement, ce qui est selon nous un tempérament essentiel, qu'elles sauraient lui être de quelque utilité : *malitiis non est indulgendum.* Remarquons, d'autre part, que le revendiquant ne devrait aucun remboursement pour des améliorations dont il se trouverait incapable de profiter.

Le possesseur a-t-il le droit de retenir la possession de l'objet en raison duquel lui sont dues les impenses qu'il a faites ? Cette question touche à une controverse qui, aujourd'hui encore, divise la doctrine, à savoir quelle est la nature du droit de rétention. — Est-ce un droit réel qui participe du caractère des priviléges ? ou bien n'est-ce que l'exception de dol des Romains, c'est-à-dire l'énoncé d'une règle qui se formule de la sorte : Tout possesseur généralement quelconque auquel est due une certaine somme en raison de la chose qu'il détient a le droit de retenir cette chose tant qu'il n'est pas désintéressé. Du principe que l'on adoptera dépendra la solution de la question que nous avons posée tout d'abord.

C'est dans le droit romain que le droit de rétention a son origine.

En droit romain, le possesseur qui augmentait

la valeur de la chose qu'il croyait sienne, pas plus que le possesseur de mauvaise foi, n'avait l'action de gestion d'affaires; donc s'il avait fait sur la chose des dépenses de conservation ou d'améliorations, il n'avait point d'action pour les répéter. Les attributions du juge se bornaient, abstraction faite de toute considération d'équité, à décider sur la question de droit pur, posée dans la formule. C'est alors que le préteur, corrigeant la rigueur du droit civil, vint au secours du possesseur en lui accordant l'exception *doli mali*, au moyen de laquelle ce dernier repoussait l'injuste prétention du demandeur qui voulait recouvrer sa chose sans rembourser au préalable les dépenses faites à juste titre par son adversaire. Même dans une action personnelle, le défendeur avait le choix entre cette exception de dol et l'action *contraria*, née du rapport de droit qu'établissait entre le propriétaire et le possesseur le contrat en vertu duquel ce dernier possédait.

C'est avec ces caractères que le droit de rétention est passé dans notre ancien droit; c'est à titre d'exception que les ordonnances royales le consacrèrent. En est-il de même aujourd'hui? Le principe sur lequel repose le droit de rétention a été défini par M. Demolombe (1) en ces termes : « *Le droit de rétention dérive de l'identité, de l'égalité de position dans laquelle se trouvent l'une en-*

(1) Demol. 2-9 N° 682.

vers l'autre deux parties réciproquement obligées à raison d'une chose, de telle sorte que l'une des parties ne puisse réclamer l'exécution de l'obligation que l'autre a contractée envers elle, qu'autant qu'elle offre, de son côté, de remplir l'obligation corrélative qu'elle a aussi contractée envers l'autre partie. »

Ainsi on peut définir le droit de retention : La faculté que le détenteur d'une chose a d'en conserver la détention jusqu'à l'entier acquittement de ce qui lui est dû en raison de cette même chose.

La doctrine est d'accord sur un point, à savoir que le droit de rétention ne constitue pas un privilége proprement dit. Il y a loin de la préférence que donne le privilége à celle qui résulte du droit de rétention; dans le premier cas le droit de préférence subsiste quelle que soit la cause qui ait amené la transformation en argent de l'immeuble; tandis que dans le cas d'un simple droit de retention si elle sort des biens du créancier nanti avec son consentement, toute préférence en sa faveur s'évanouit.

Mais quant au caractère même de ce droit, divers systèmes ont été proposés. Les uns (1) se fondant sur ce que la loi a pris soin dans certains cas spéciaux d'accorder formellement le droit de rétention, en tirent la conséquence qu'il

(1) Mourlon, Crit. du traité de Troplong sur les priv. T. 1.

ne saurait exister en dehors des attributions expresses faites par le code. Le spécificateur, l'héritier qui fait un rapport en nature, le vendeur, l'acheteur à réméré, le locataire évincé, le dépositaire et enfin le possesseur d'une chose volée ou perdue qui l'a acheté dans un marché public, sont seul protégés par le droit de rétention. Il résulte, de plus, d'une façon implicite, de l'art. 1184 qui l'accorde à tous ceux qui deviennent créanciers en vertu d'un contrat synallagmatique quelconque.

D'autres jurisconsultes (1) ne veulent voir dans le droit de rétention qu'une simple exception, purement personnelle au créancier sans affectation de la chose qui en est l'objet; exception qui trouve sa source dans l'équité et dont l'effet est de paralyser momentanément le droit de propriété du revendiquant. Nous serions portés à admettre cette dernière opinion, pour les cas non prévus par le code.

Dans toutes les hypothèses où on accorde le droit de rétention, trois conditions sont exigées qu'il y ait possession de la chose d'autrui par un tiers, obligation du propriétaire envers le possesseur et enfin que cette obligation soit née à l'occasion de la chose. Or, ces conditions se trouvent remplies dans le cas qui nous occupe : le tiers, détenteur de la chose revendiquée ré-

(1) M. Troplong, Traité des priviléges 2-1 n° 255.

clame le remboursement de dépenses faites pour sa conservation ou son amélioration. Il y a là, comme on disait autrefois : *debitum cum re junctum.* En outre ne sommes-nous pas dans les termes de l'article 1184, puisqu'en vertu du quasi-contrat qui les lie et de la corrélation qui en résulte entre leurs deux obligations, aucun d'eux ne peut être forcé d'exécuter son engagement si l'autre se refuse à exécuter le sien.

Le système contraire blesserait l'équité et ce principe : que nul ne doit s'enrichir aux dépens d'autrui. Notre ancienne jurisprudence l'admettait indistinctement au profit de tout possesseur créancier en raison de la chose détenue. Rien dans la loi ne nous prouve qu'on ait voulu abandonner ce système. Nous ne pensons pas, contrairement à M. Troplong qu'il faille distinguer entre le possesseur de bonne ou de mauvaise foi; cette circonstance qui ne modifie en rien le droit du possesseur au remboursement des dépenses par lui faites ne saurait avoir d'influence dans notre matière.

Toutefois, et pour nous résumer, comme nous ne pouvons appliquer le droit de rétention en vertu d'un texte formel, mais seulement en nous fondant sur la tradition et l'équité, nous pensons qu'on doit accorder aux magistrats un pouvoir d'appréciation assez étendu pour, au besoin, en refuser l'application selon les circonstances du fait.

Les auteurs, du reste, qui soutiennent qu'à défaut de texte le droit de rétention n'existe pas, arrivent à un résultat identique au nôtre en reconnaissant, comme nous, aux tribunaux un pouvoir discrétionnaire à l'effet d'en régler l'exercice, eu égard à la situation respective des parties et aux considérations d'équité. Pothier (1) fait mention de cette même idée, en ce qui regarde la question de savoir si le possesseur de mauvaise foi pouvait, lui aussi, invoquer le droit de rétention pour être remboursé de ses impenses.

(1) Pothier, De la propriété Ch. 1 n° 350.

CHAPITRE VII.

DES ACTIONS EN REVENDICATION SPÉCIALE DE L'ARTICLE 2102.

Il nous reste à parler de deux cas spéciaux de revendication dont s'occupe l'article 2102 et dans lequel le mot revendication improprement employé ne désigne que le recouvrement de la possession ou de la simple détention. Aussi, le peu de précision des termes dont s'est servie la loi, a suscité de nombreuses controverses qui exigeront de notre part certains développements.

Expliquons tout d'abord le *primo* de notre article qui ne donne lieu à aucune difficulté sérieuse. En principe, nous le savons, quand une chose mobilière grevée d'un privilége, sort du patrimoine du débiteur, le privilége prend fin ; car les meubles n'ont pas de suite par privilége, et le créancier ne saurait les saisir entre les mains des tiers-acquéreurs, par application de la règle « en fait de meubles possession vaut titre. »

Cependant, une exception remarquable a été

15

faite pour le bailleur, et l'article 2102 est ainsi conçu : « Le propriétaire peut saisir les meubles « qui garnissent sa maison ou sa ferme, lorsqu'ils « ont été déplacés sans son consentement, et il « conserve sur eux son privilége, pourvu qu'il ait « fait la *revendication* savoir, lorsqu'il s'agit du « mobilier qui garnissait une ferme, dans le « délai de 40 jours, et dans celui de quinzaine, « s'il s'agit des meubles garnissant une maison. »

La loi a trouvé sa situation si digne de faveur, que, dérogeant ici aux règles établies, elle lui a sous certaines conditions permis de revendiquer les meubles de son locataire qui ont été déplacés; elle a considéré comme un vol de son droit de gage la sortie des meubles de la maison louée ou de la ferme, et jusqu'à un certain point appliqué les règles fixées en cas de vol. Le bailleur peut donc reprendre son gage partout où il le trouve sans égard à la bonne foi des tiers, de même que le propriétaire d'un objet volé peut le reprendre en quelques mains qu'il soit. Le droit de revendication accordé au locateur est, en un mot, l'accessoire, le complément ou la sanction de son droit de gage sur les objets garnissant la ferme ou la maison louée. La loi déroge au principe que les meubles n'ont pas de suite par privilége et à la règle posée par l'art 2279.

Mais cette revendication s'appliquera-t-elle avec la même étendue que le privilége à tout objet apporté dans la maison pour la garnir ? Les auteurs ne sont pas d'accord sur ce point. La plupart d'entre eux, Duranton, T. 19. n° 103 ; — Troplong, n° 161 ; — Duvergier, T. 2. n° 17, alors cependant que les objets laissés dans la maison ou dans la ferme sont suffisants pour sa sûreté, refusent au propriétaire de revendiquer légitimement les meubles qui en ont été enlevés sans son consentement exprès ou tacite. Entendu autrement, le privilége du bailleur aurait un caractère exorbitant et serait une source intarissable de procès. S'il fallait donner au droit de gage du bailleur et à la revendication qui en est la suite toute l'étendue qu'ils paraissent comporter, on arriverait à des conséquences trop rigoureuses, en armant le bailleur d'un droit vexatoire. La loi, dans l'art. 1752, n'exige que le maintien dans la ferme ou dans la maison des meubles suffisants pour assurer l'exécution des obligations du locataire. L'interprétation de la volonté des parties nous amène à une semblable décision puisque c'est sur une idée de gage qu'est fondé le droit du bailleur. La loi aura atteint son but si le prix du locateur est suffisamment garanti : on ne saurait lui donner une portée plus grande ; tel est du moins notre avis. Les partisans du système contraire raisonnent ainsi :

« Il est vrai, disent-ils, que dans l'art. 1752, la loi n'exige, pour le bailleur, qu'un gage suffisant, mais néanmoins, si le locataire a fourni plus de meubles qu'il n'en fallait pour assurer l'exécution de ses obligations envers le locateur, le droit de ce dernier, loin d'être restreint au gage suffisant, s'étendra sans distinction aucune, nous dit l'art 2102, sur tous les meubles qui garnissent la maison. Or, la revendication a-t-elle un autre but que d'assurer la conservation du privilége et d'empêcher, de la part du locataire, des actes qui seraient de nature à en diminuer l'importance; la constitution du gage une fois faite, il y a là pour le locateur un droit acquis. Que la loi ait pu avec justice, ajoutent-ils, permettre la réduction du gage, nous ne saurions le nier; mais, telle qu'elle est faite, et dans la rédaction actuelle de ses termes elle ne saurait l'autoriser.

Ajoutons qu'il n'y a pas à s'inquiéter de la bonne foi du tiers-acheteur; il en était ainsi du temps de Pothier (1), qui nous dit : *Que le locateur peut suivre par voie de saisie ou d'action les meubles enlevés de son hôtel ou métairie, même contre un acheteur de bonne foi ou contre un créancier qui les aurait reçus de bonne foi, soit en paiement, soit en nantissement.*

Ce droit de revendication de la part du bailleur est soumis à deux conditions que nous nous contenterons d'énumérer : 1° A savoir que tout naturellement les meubles aient été déplacés sans son consentement et que : 2° s'il s'agit du mobi-

(1) Pothier : du Louage n° 261.

lier qui garnissait une ferme, cette revendication ait lieu dans le délai de quarante jours et dans celui de quinzaine, s'il s'agit des meubles garnissant une maison; nous admettrons, avec la majorité des auteurs, que ce délai commence à compter du jour du déplacement, et non à compter du jour où le propriétaire a été instruit de ce déplacement. Nous avons ici, en effet, à appliquer un droit de suite tout d'exception qui doit être restreint dans ses termes plutôt qu'étendu. C'est l'opinion contraire que nous choisirions toutefois, si le locataire avait, par fraude, trompé la surveillance du propriétaire; mais, vis à vis des tiers-acquéreurs de mauvaise foi, le bailleur dépossédé des meubles garnissant son immeuble, aurait trente ans pour exercer l'action de revendication.

Quant à la question de savoir si le droit de revendication peut être exercé à l'égard des fruits qui auraient été déplacés de la ferme ou vendus à un tiers de mauvaise foi, nous nous déciderons pour l'affirmative. Il est difficile étant donné que les récoltes et les fruits d'une ferme sont la plus grande richesse du fermier, et par conséquent le gage le plus sûr du bailleur, il est difficile, disons-nous, de concevoir que la loi ait voulu restreindre à des meubles, souvent sans importance, un privilége que, d'un autre côté, elle étend si loin. Les fruits, comme les meubles, garnissent la ferme, comme eux ils doivent être compris sous l'expression d'objets garnissants.

Nous croyons pouvoir résoudre aussi affirmativement la question de savoir si le propriétaire pourrait revendiquer dans le délai légal les fruits transportés par son fermier dans une grange appartenant à un autre propriétaire, ou des meubles transportés par son locataire dans la maison d'un second locateur.

Abordons maintenant l'explication du *quarto* de l'art. 2102, et essayons de déterminer la portée du mot revendication dont la loi se sert. Que nous dit, en effet, cet article : « Au cas où la vente a été faite sans terme, le vendeur d'effets mobiliers peut même revendiquer ces effets tant qu'ils sont en la possession de l'acheteur, et en empêcher la revente, pourvu que la *revendication* soit faite dans la huitaine de la livraison, et que les effets se trouvent dans le même état dans lequel cette livraison a été faite. »

Les trois conditions exigées par la loi, sont donc nettement déterminées : il faut 1° que les choses vendues et livrées soient encore en la possession de l'acheteur; 2° qu'elles soient restées dans le même état; 3° que la revendication en soit faite dans la huitaine de leur délivrance; 4° que la vente soit faite sans terme. Quel est précisément le droit que consacre notre article? Quel en est l'objet? Telle est la question qui se présente tout d'abord à l'esprit?

Avant d'entrer dans l'examen des systèmes

auxquels ce droit a donné lieu, il nous paraît utile de rapporter en deux mots son historique. C'est dans les lois romaines qu'il trouve son origine; or, nous savons que la vente n'y avait d'autre effet que de produire des obligations pour le vendeur, de livrer la chose vendue et pour l'acheteur d'en payer le prix. La tradition de la chose, jointe au paiement du prix, avait seule un effet translatif de propriété. Jusqu'au paiement, le vendeur restait propriétaire, quand même la tradition eût été faite, à moins toutefois que, confiant en la foi de son acheteur, il eût en lui accordant un terme, consenti à suivre sa foi. Dans ce cas, le propriétaire dépouillé de sa propriété n'avait, en droit romain, ni privilége, ni revendication, et ce n'est point là l'hypothèse qui doit nous occuper. Mais si le vendeur, tout en ayant fait la tradition, n'avait point accordé de terme, la propriété continuait de résider en sa personne. Se fondant sur une interprétation raisonnable de la volonté des parties, le droit romain supposait que le vendeur n'avait voulu transférer qu'une détention précaire, et il pouvait, à défaut de paiement, revendiquer l'objet vendu partout où il le trouvait. C'était un droit de revendication proprement dite; qui ne pouvait donner lieu à aucune difficulté : Le contrat de vente subsistait comme avant, avec ses obligations réciproques.

Notre ancienne jurisprudence, innovant sur ce point, accorda au vendeur deux avantages considérables, un privilége et une action en résolution et cela sans distinction à faire entre les ventes à terme ou sans terme. Mais le droit de revendication resta ce qu'il était et se donna contre les tiers-détenteurs, même de bonne foi, la seule modification apportée fût qu'elle dût être intentée dans un délai assez bref que le juge fut chargé de fixer.

L'article 458 de la Coutume d'Orléans, l'ancienne Coutume de Paris, (art. 194) et avant elles un acte de notoriété du Châtelet de l'an 1373 portaient : « Celui qui vend une chose mobilière » sans jour et sans terme, espérant être payé » promptement, il peut sa chose poursuivre, en » quelque lieu qu'elle soit transportée, pour être » payé du prix qu'il l'a vendue. »

L'article 176 de la nouvelle Coutume de Paris est conforme. Nous trouvons dans les commentaires de Dumoulin sur les mots « pour être payé du prix, » l'explication suivante « que le ven» deur peut revendiquer sa chose pour la recou» vrer et en demeurer saisi jusqu'à qu'il soit » payé. »

De plus, Pothier et tous les autres commentateurs de la Coutume de Paris nous disent que le principe de ce droit de revendication, c'est le droit de propriété resté sur la tête du vendeur, et que son but c'est le recouvrement de la possession de la chose vendue, afin d'assurer le paiement du prix.

Or, l'action de revendication organisée par notre Code a-t-elle le même fondement et le même but ? Toute la question est là et c'est ce qu'il nous reste à examiner.

Les modifications que l'art. 2102 y a apportées nous paraissent faciles à saisir, et nous voyons tout d'abord que les tiers-détenteurs de bonne foi sont à l'abri de cette action et secondement qu'un délai assez court, un délai d'une huitaine en diminue la portée. Mais où la difficulté commence, c'est lorsque, songeant que le Code a, par une innovation radicale changé la théorie du transport de la propriété, on se demande sur quelle base les législateurs ont entendu asseoir ce droit.

Trois systèmes se partagent l'opinion de la doctrine :

Primo. Suivant certains auteurs il ne faut voir là que le droit de résolution, mis en œuvre et exercé par le vendeur non payé à l'encontre des créanciers de l'acheteur, se fondant sur le principe fondamental de notre droit actuel, à savoir, que par le seul effet de la vente, le vendeur a cessé d'être propriétaire et partant de cette donnée que les idées de propriété et de revendication sont tellement et si intimement liées que là où l'une fait défaut, l'autre doit nécessairement cesser d'exister, ils en ont conclu que le vendeur ne peut revendiquer une chose qui ne lui appartient plus et que si la loi lui accorde une pareille action, c'est qu'elle suppose nécessairement et entraîne forcément avec elle la résolution de la vente.

Selon eux, et pour concilier dans leurs dispositions les art. 1654 et 1184 qui accordent l'action en résolution de la manière la plus large avec les restrictions apportées par l'article 2102 4°, Il faut distinguer deux sortes d'actions en résolution, l'une personnelle, l'autre réelle. L'article 1654 a trait à la première dans le cas où le débat se restreint entre l'acheteur et le vendeur, et la deuxième est prévue par notre article 2102 en vue d'un conflit avec les créanciers de l'acheteur, faculté restreinte du reste, au cas où la vente est faite sans terme et sous la condition toutefois qu'elle sera demandée dans la huitaine de la délivrance.

Enfin ces auteurs ajoutent pour la justification de leur système, qu'il était de l'intérêt général des créanciers de circonscrire dans un court délai le droit de résolution du vendeur à leur égard; car passé ce délai, ils auraient un légitime sujet de compter dans leur gage, la valeur de la chose possédée par l'acheteur. Tel est l'exposé succint de ce premier système; mais il nous paraît bien difficile d'admettre une telle distinction. Les termes généraux de l'article 1654 se prêtent mal au sens dans lequel on veut les entendre; quant au droit de résolution du vendeur, il est empreint d'un caractère de réalité qu'on ne saurait lui enlever : les ayants-cause de l'acheteur, ses créanciers en un mot, ne peuvent avoir plus de droits que lui, et ce qui est résoluble quant à lui est résoluble quant à eux. A son égard, comme au leur, l'action de résolution durera trente ans, de par le droit commun. Où trouve-t-on écrite la dérogation qu'on invoque? nulle part; car on ne peut raisonnablement admettre que la loi, après s'être montrée si large envers le vendeur, soit venue après coup dans un titre étranger à la vente et au milieu de dispositions favorables au vendeur, lui enlever d'un seul mot jusqu'au bénéfice du droit commun.

Secundo. Suivant un deuxième systèmequi est dû à M. Troplong, la revendication et l'action en résolution resteraient deux droits parfaitement distincts. Ainsi le droit de résolution demeure régi par l'art. 1654, mais de plus et pour le cas où la vente a été faite sans terme, il jouit de l'action de revendication, telle qu'elle est organisée par l'article 2102. Le droit que lui confère cet article constitue une sorte d'annulation du contrat, que sa promptitude et l'absence de formalités judiciaires rendent plus utile pour le vendeur : c'est en un mot, un autre droit de résolution plus prompt et plus expéditif que l'autre. On prétend qu'il n'avait vendu que sous la condition d'un paiement immédiat et en vertu d'une résolution qui a lieu de plein droit, son droit de propriété lui est aussitôt rendu. « *La revendication*, dit M. Troplong, *suppose de plein droit qu'il n'y a pas eu de vente valable et que l'aliénation n'a pas été consommée. Res est inempta,* comme dit Ulpien en donnant au vendeur l'action *in rem utilis* pour l'exécution des pactes : *lex commissoria et addictio in diem.* »

Cette action en revendication présente au vendeur les avantages suivants : 1° Point n'est besoin d'abord d'une demande en justice formée par exploit, comme l'exige le droit commun. Le vendeur redevenu propriétaire, saisit directement sa chose en vertu d'une ordonnance du Président du Tribunal rendue sur simple requête, conformément à l'article 826, Code de procédure ; 2° Quand il s'agit de l'action de revendication, les juges ne sauraient arrêter ses effets en accordant à l'acheteur un délai de grâce tandis qu'on est obligé de leur reconnaître ce pouvoir s'il est question de la résolution des articles 1184 et 1654.

Ce système, malgré tout, ne nous paraît pas plus admissible que le précédent.

Comment en premier lieu comprendre que la théorie de notre droit français moderne sur la vente puisse se trouver ainsi violée ; comment admettre, comme l'affirme M. Troplong, que de par la volonté toute puissante du vendeur, il n'y a pas eu ici de vente et qu'il n'a jamais cessé d'être propriétaire de la chose vendue. Rappelons-nous d'ailleurs que cette résolution de plein droit ne saurait se concilier avec le principe général contenu dans l'article 1134, à savoir qu'un contrat étant l'œuvre de la volonté commune des parties ne peut point être détruit par le fait ou la volonté de l'une d'elles ; et quand la loi édicte un fait de résolution fondée sur l'inexécution des obligations de l'une des parties, ce n'est jamais de plein droit et parce qu'il plaît au demandeur de se départir du contrat. Alors même que les parties sont convenues formellement qu'en cas de retard dans le paiement, la vente serait résolue *ipso facto*, pour ce seul fait, dans ce cas même, la loi soucieuse des intérêts de l'acheteur, veut qu'il soit au préalable mis en demeure par une sommation.

L'article 2102, insiste-t-on, contient une dérogation au principe de l'art. 1583. Mais il nous est bien difficile de concevoir une exception assez large pour embrasser toutes les ventes d'effets mobiliers faites au comptant. Combien il serait rigoureux pour l'acheteur de se trouver ainsi dépouillé du bénéfice de l'art. 1583, alors surtout que rien ne peut le mettre en garde contre les intentions du vendeur, et qu'un simple retard dans le paiement le livre à sa merci.

Tertio. Selon un troisième système enfin, qui est le nôtre, la revendication dont parle l'art. 2102, constitue un droit *sui generis*, une action spéciale dont l'ancien droit nous présente l'équivalent. C'est la revendication du droit de rétention *vindicatio pignoris*. Nous le savons en effet outre son privilége et son droit de résolution, le vendeur a un droit de rétention sur la chose, une sorte de gage tacite qui garantit le paiement du prix et l'exécution des obligations de l'acheteur. C'est ce droit de rétention qu'il veut reprendre; c'est cette possession qui est sa garantie, dans laquelle il demande à rentrer. Entend-il par là porter atteinte à la vente? nullement: La vente subsiste, loin d'être anéantie comme dans le cas de résolution. Le vendeur reconnaît s'être déssaisi trop légèrement de la chose; son acheteur tarde à le payer. La loi vient alors à son secours en lui permettant de ressaisir la chose comme son gage et de se replacer dans sa position primitive. C'est ce droit qu'elle lui accorde par une action de revendication spéciale. Nous le reconnaissons, le mot revendication se trouve ici détourné de son sens propre; ce n'est pas d'une question de propriété qu'il s'agit ici, mais d'une question de possession, de simple détention même; nous nous retrouvons en présence de la doctrine de notre ancienne jurisprudence, celle de Dumoulin et de Pothier; le fondement n'est plus le même, il est vrai, les principes sont changés: ce n'est plus à titre de propriétaire que le vendeur reprend sa chose; c'est à titre de créancier gagiste, de créancier protégé par un droit de rétention, mais les résultats sont absolument identiques. Évidemment nous raisonnons toujours dans le cas d'une vente faite sans terme, dans laquelle le vendeur n'a pas suivi la foi de l'acheteur, mais au contraire a entendu être payé de suite; c'est l'hypothèse de l'art. 2102. L'article 1612 nous le dit en propres termes : « *Le vendeur n'était pas tenu de délivrer l'objet vendu, tant que l'acheteur n'en payait pas le prix.*

Si l'acheteur vient à offrir son prix le vendeur lui rend la possession de la chose dont lui acheteur n'a cessé d'avoir la propriété. Quoi de plus naturel, maintenant dans l'espèce telle que nous l'avons présenté, que la loi dispense un pareil droit de revendication des formes gênantes de la procédure ordinaire et qu'elle lui ait substitué la marche simplifiée et plus rapide de l'art. 826 C. de procédure.

De là, il suit que le juge ne peut accorder au délai à l'acheteur soumis à la revendication. Il en est de même des autres conditions exigées par la loi, qui découlent tout naturellement de la nature de ce droit de revendication.

S'il faut que la vente ait été faite sans terme, c'est que en cas de ventes dans lesquelles un terme a été accordé, le droit de retention n'existe plus pour le vendeur. S'il faut que la revendication soit intentée dans un court délai de huitaine, c'est qu'après un temps plus long, il est logique de supposer que le vendeur a voulu renoncer à son droit de retention et suivre la foi de son acheteur. Si enfin on exige que la chose soit dans le même état ; c'est que son identité ne saurait être reconnue dans le cas où elle aurait éprouvé des transformations et même subi des changements.

Quant à la nécessité qu'elle soit encore en la possession de l'acheteur nous savons qu'il n'y a là que l'application de droit commun de l'article 2279.

Nous sommes donc en présence dans notre article 2102 d'un droit de revendication de la possession tel que nous l'avons trouvé employé plus haut dans le même article, lorsque nous avons parlé de la revendication du bailleur.

Ce système qui a pour lui les arguments historiques, l'esprit de la loi et le bon sens pratique est aujourd'hui adopté presque unanimement par la jurisprudence.

TROISIÈME PARTIE

DE LA
REVENDICATION
EN MATIÈRE COMMERCIALE

De la revendication des effets de commerce et des marchandises déposées, consignées et vendues.

TROISIÈME PARTIE

DE LA REVENDICATION EN MATIÈRE COMMERCIALE

De la revendication des effets de commerce et des marchandises déposées, consignées et vendues.

CHAPITRE PREMIER.

NOTIONS HISTORIQUES DE LA REVENDICATION EN MATIÈRE COMMERCIALE.

La revendication dont il s'agit consiste dans le droit qu'ont certaines personnes, en raison de leur position toute exceptionnelle, de reprendre dans la masse des biens du failli, des choses déterminées, pour se les attribuer exclusivement, soit qu'elles les réclament comme n'en ayant jamais transféré ni voulu transférer la propriété au failli, soit qu'après s'être dépouillées de la propriété de ces choses en faveur du failli, sous la foi qu'elles en seraient payées, elles veuillent faire résilier la vente faute de paiement et recouvrer cette propriété. Ces objets ne sauraient être compris dans la masse et les créanciers n'ont sur eux aucun droit, bien que leur présence dans la faillite aurait pu au premier abord faire soupçonner le contraire. Tel est le principe dont nous allons étudier les motifs et préciser les raisons. Nous pouvons dès à présent définir en cette matière la revendication : « le droit qui appartient à certaines personnes, de reprendre dans la masse d'un failli certaines marchandises ou certains objets mobiliers, qui ne doivent pas faire partie de cette masse. »

Gardons-nous de confondre le droit de revendication avec le privilège qui appartient à certains créanciers ; le propriétaire reprend sa chose en nature tandis que le privilège ne donne que le droit de se faire payer sur la valeur de cette chose.

Pour la revendication de droit commun deux conditions essentielles sont exigées : il faut que l'objet revendiqué existe en nature en la possession d'un tiers et que le revendiquant prouve que la propriété lui en est restée. Doit-il en être de même en matière de faillite? Des discussions nombreuses, justifiées par l'importance de ce droit, les indécisions des législateurs de 1808, qui se renouvelèrent en 1837, attestent combien la question parut délicate.

Il nous faut avant tout, pour rendre la tâche plus facile, rechercher quelle était au point de vue qui nous occupe la jurisprudence de notre ancien droit.

Les actions en revendication étaient admises avec la plus grande facilité ; la conséquence fâcheuse était de rendre dans la faillite les pertes des uns plus lourdes et plus onéreuses, par une complaisance injuste pour les autres. Le droit commun régissait les droits du vendeur non payé, c'est-à-dire qu'on lui laissait le droit de reprendre ses marchandises vendues avec ou sans terme ; cependant nous voyons qu'un acte de notoriété du Châtelet de Paris de 1711 n'accordait le droit de revendiquer les marchandises vendues avec ou sans terme qu'autant qu'elles se trouvaient dans le même état que lorsqu'elles avaient été livrées par celui qui en demandait la restitution ; il fallait qu'elles fussent encore sous balle et sous corde, qu'elles eussent encore leurs capes ou queues, chef et aunage.. Mais la grande variété des usages locaux présentait pour le juge de grandes difficultés pratiques et jetait sur toute la doctrine obscurité et incertitude. Une sorte d'enquête faite au commencement du siècle dernier par le chancelier d'Aguesseau, dans le but de remédier à cette diversité des coutumes, ne produisit aucun résultat et ce n'était qu'au code de commerce de 1808 qu'il appartenait de régler uniformément la matière et de mettre un terme aux abus que présentait la revendication.

Dans un premier projet, les rédacteurs de 1807 voulurent supprimer toute revendication sur les marchandises ou autres effets mobiliers du failli, mais on n'y donna pas suite et on tomba d'accord pour admettre la revendication tout en la renfermant dans certaines limites. Le code de 1808 autorisa donc la revendication des marchandises déposées chez le failli, soit pour être délivrées à un tiers, soit pour être vendues pour le compte du déposant : puis la revendication de ces mêmes marchandises vendues conformément au mandat, lorsque ce prix n'a été ni reçu, ni négocié par le failli, et enfin celle des remises en effets de commerce non payés, qui se trouvent en nature dans le portefeuille du failli, lorsqu'il paraît soit par le mandat qui les accompagne, soit par les livres du failli, que ces remises n'ont été faites que pour l'utilité du propriétaire. C'était un pas fait vers le progrès, mais bien des abus restaient encore à prévenir, et c'est, pressés par les plaintes qui s'élevèrent de toutes parts que les législateurs de 1838 se mirent à l'œuvre. Les discussions recommencèrent vives et animées, surtout en ce qui touchait la revendication des marchandises vendues au failli. Malgré le désir du Gouvernement qui, à deux reprises, proposa des projets tendant, le premier à entraver considérablement le droit de revendication, le second à l'abolir complétement, il n'en fut pas moins obligé de céder devant la résistance des Chambres et du commerce ; le droit de revendication fut maintenu. C'est dans les termes suivants que le rapporteur de la Commission explique sa consécration : « Les usages ont continué trente ans de plus, et ces usages du commerce, auxquels tient le crédit du commerçant, nous ont paru devoir être envisagés au point d'y faire céder la rigueur des principes du droit civil. Les usages du commerce sont un des éléments du crédit, et la revendication est passée dans les habitudes du commerce ; ce serait détruire le crédit que de détruire cette revendication. Nous avons cru devoir faire céder à cette considération de pratique et d'utilité commerciales les principes du droit civil. »

Ainsi donc, il n'y eut aucune modification essentielle apportée à la revendication; quelques changements dans les détails furent seuls effectués. Sous l'empire de la loi qui la régit actuellement (25 mai 1838), la revendication, en matière de faillite, est envisagée à trois points de vue :

1° Revendication des effets de commerce ou autres titres envoyés au failli ;

2° Revendication des marchandises déposées ou consignées et de leur prix ;

3° Revendication des marchandises vendues et livrées au failli, mais sans qu'il y ait encore tradition effectuée dans ses magasins. La loi n'énumère pas tous les cas possibles de revendication ; mais les principes du droit commun sont là pour régir les espèces non prévues. Les tiers pourront revendiquer sur le failli toutes les choses sur lesquelles leur droit de propriété sera établi, et ils pourront, sans avoir égard à l'état de faillite du possesseur, les reprendre en nature, comme elles l'auraient été sur toute autre personne. Ainsi il peut arriver que la femme ait des droits de revendication à exercer comme propriétaire d'objets trouvés dans la masse des biens de la faillite; il faudra, à cet effet, se reporter à son contrat de mariage. Si, d'après ce régime, elle est propriétaire d'objets mobiliers, soit qu'elle les ait apportés en dot lors du mariage, soit qu'elle les ait recueillis avant le mariage par succession ou par donation, ces objets ne sont pas le gage des créanciers de son mari qui n'en est pas propriétaire, la femme pourra donc les revendiquer et se les faire attribuer en propre, à condition qu'elle prouve son droit de propriété par un inventaire ou tout autre acte authentique, car en cette matière elle est privée du droit d'invoquer la preuve par commune renommée; à défaut d'acte authentique, elle ne peut figurer dans la faillite que comme simple créancière; tout droit de préférence lui est dénié.

Supposons qu'avant la faillite du vendeur, un corps certain ait été vendu et que l'objet vendu n'ait point été livré, admettrons-nous la revendication dans ce cas ? Sans contredit, et l'acheteur pourra demander aux syndics l'exécution du contrat ou exiger d'eux des dommages et intérêts, s'ils s'y refusent (1). Et cela est si vrai, que la faillite laisse subsister en entier les contrats, ventes ou marchés conclus par le failli. Vainement a-t-on essayé de soutenir que la faillite a pour effet de les mettre à néant, il n'en est rien. La vente existe, bien que la livraison n'ait point encore été effectuée et que les marchandises soient encore dans les magasins du vendeur. Décider le contraire serait vouloir se mettre en contradiction avec les principes du Code civil sur la transmission de la propriété (art. 711 et 1138, C. civ.). De plus, les syndics peuvent forcer l'acquéreur à recevoir les marchandises vendues par le failli, et par suite à en payer le prix; sur ce point, tout le monde est d'accord. Pourquoi n'accorderait-on pas à l'acquéreur le droit de les revendiquer, il n'y a là que la contre-partie équitable du droit des syndics.

Une autre question controversée est la suivante : une vente a été faite sous la condition d'un pesage ou d'un mesurage. Dans ce cas, l'acheteur pourra-t-il forcer les syndics de la faillite à faire le mesurage ou le pesage qui doit déterminer les objets acquis. En un mot pourra-t-il les revendiquer ? Nous nous déciderons dans

(1) Bourges 6 août 1831.

le sens de l'affirmative, étant de ceux qui pensent que l'acheteur est propriétaire avant même le mesurage ou le pesage des marchandises. Il n'a, il est vrai, si on le veut, qu'une propriété conditionnelle, mais suffisante pour exiger du vendeur la délivrance de la chose vendue, ainsi que nous l'apprennent les articles 1583 et 1138 combinés. L'article 1585, nous oppose-t-on, déclare que, dans le cas où la marchandise est vendue à la mesure la vente n'est point parfaite jusqu'au mesurage. Cela est juste. Mais en quoi n'est-elle pas parfaite ? en ce sens seulement que la chose vendue reste aux risques du vendeur. Mais rien ne prouve que l'acheteur ne puisse demander la délivrance ou des dommages intérêts faute d'exécution. Ceux qui soutiennent l'opinion contraire ont cherché dans le droit romain une justification de leur doctrine : or, en pareille espèce, nous récusons son autorité. Comment l'invoquer dans une matière dont les principes ont été si essentiellement modifiés, et prétendre imposer ses maximes, alors qu'il exigeait une tradition que nos lois ont rendue inutile.

Ajoutons que si l'acheteur peut revendiquer la chose vendue dans la faillite du vendeur, c'est qu'elle n'est restée qu'à titre de dépôt entre les mains du failli, qui a perdu tout droit sur elle.

Parmi d'autres sortes de revendication non prévues par la loi, nous pouvons citer le cas d'un prêt à usage fait au failli, celui ou une chose a été trouvée par le failli, ou enfin le cas où il s'est mis indûment en possession d'un objet quelconque. Décision analogue dans le cas ou un commerçant aurait fait un prêt sur gage, puis serait postérieurement tombé en faillite; celui qui aura emprunté pourra revendiquer la chose livrée en gage, à charge pour lui de rendre indemne la faillite en remboursant la somme prêtée.

La question peut être soulevée aussi à propos des commis du commerçant failli, non pas en ce sens que le principe sur lequel ils fondent leur droit puisse être contesté, mais en ce que la preuve en sera fort difficile.

Dans cette hypothèse et d'après la jurisprudence, la créance sera constatée au moyen des registres et livres de commerce.

Il en serait de même dans l'espèce suivante: (*Cassat.* 11 *décembre* 1848, *req.*):

La faillite a reçu par erreur une somme, alors qu'elle était due, non au failli mais à un tiers. Ce dernier aura le droit de réclamer la restitution de la faillite elle-même, sans concurrence avec les créanciers du failli.

Maintenant que nous avons comblé à peu près cette lacune de la loi et suppléé aux cas de revendication qu'elle a passés sous silence, examinons les trois hypothèses de revendication qu'elle prévoit.

CHAPITRE II.

REVENDICATION DES REMISES EN EFFETS DE COMMERCE OU AUTRES TITRES.

Nous ne trouvons dans notre ancienne jurisprudence qu'un seul texte qui puisse avoir trait à notre matière ; et encore n'est-ce qu'indirectement que nous pouvons l'y rattacher.

Il résulte de l'ordonnance de 1673 (art. 25, titre V) que dans le cas où l'endossement était irrégulier, les lettres de change pouvaient être revendiquées par celui qui les avait endossées ; elle donnait même à ses créanciers le droit de les saisir.

Le Code de commerce nous présente deux articles sur la matière ; les art. 583 et 584. Le premier était conçu dans les termes suivants :

« Les remises en effets de commerce ou en tous autres effets non encore échus, ou échus et non encore payés, et qui se trouveront en nature dans le portefeuille du failli à l'époque de sa faillite, pourront être revendiquées, si ces remises ont été faites par le propriétaire avec le simple mandat d'en faire le recouvrement et d'en garder la valeur à sa disposition, ou si elles ont reçu de sa part la destination spéciale de servir au paiement d'acceptations ou de billets tirés au domicile du failli. »

Cette disposition ne parut pas assez claire et donna lieu à certaines difficultés d'interprétation que le législateur de 1838 se proposa de faire cesser par une rédaction nouvelle qui forme l'article 574; il porte : « Pourront être revendiquées en cas de faillite les remises en effets de commerce ou autres titres non encore payés, et qui se trouveront en nature dans le portefeuille du failli à l'époque de sa faillite, lorsque ces remises auront été faites par le propriétaire avec le simple mandat d'en faire le recouvrement et d'en garder la valeur à sa disposition, ou lorsqu'elles auront été spécialement de sa part affectées à des paiements déterminés. »

Ainsi nous voyons que le mot « autres titres » qui suit le terme « effets de commerce » le corrige et le complète de façon à ce que nous puissions entendre par là non seulement les mandats et billets non commerciaux, mais encore tous autres actes ou titres de créances. Très-souvent il peut arriver, en effet, qu'un correspondant envoie de pareils titres à un négociant, qui est plus à même d'en opérer le recouvrement avec efficacité.

Citons pour mémoire l'art. 584 du code de

1808, que la loi de 1838 n'a pas reproduit : « La revendication aura lieu pareillement pour les remises faites sans acceptation ni disposition, si elles sont entrées dans un compte courant par lequel le propriétaire ne serait que créditeur, mais elle cessera d'avoir lieu si, à l'époque des remises, il était débiteur d'une somme quelconque. » Les raisons qui ont guidé les législateurs du nouveau code dans la suppression de cet article, découlent de cette idée que les remises ainsi faites ne peuvent puiser leur origine ni dans un contrat de dépôt, ni dans un contrat de mandat. Celui qui a fait la remise doit suivre la loi commune, rien ne peut le distinguer des autres créanciers de la faillite avec lesquels il doit se trouver en compte.

L'hypothèse de notre article 574 consiste dans un dépôt ou dans un mandat dont les remises ont été l'objet: nul transport de propriété n'a eu lieu; les droits du déposant restent entiers et à l'abri de toute atteinte : tel est le fondement de la revendication à laquelle il a droit. On comprend, toutefois, que s'il y a doute sur la prétention du propriétaire du titre, ce sera à lui à faire la preuve de ce qu'il avance.

Nous avons vu au surplus qu'il n'y a point d'intérêt à faire distinction entre les titres civils et commerciaux; dans le mot « et autres titres, » de notre article 574, on peut comprendre toute espèce d'effets, tels que factures quelconques, polices d'assurance, ordonnances du Gouvernement pour fournitures faites à l'Etat, actions de banques, titres de rentes sur l'Etat, etc. Faut-il cependant aller jusqu'à dire qu'on pourrait revendiquer de l'argent monnayé ou des billets de banque qu'on aurait envoyés au failli avec un emploi déterminé ? Nous ne le croyons pas. (*Lyon 11 novembre* 1863). Le motif qui nous dicte cette opinion consiste principalement dans la difficulté, dans l'impossibilité même de la preuve à faire par le revendiquant pour établir son droit de propriété.

Il avait été question, dans la discussion du premier projet (*séance du 24 février* 1835), d'excepter de la disposition de l'art. 574 le cas où le failli serait créancier de celui qui avait fait les remises, mais devant la résistance de la Chambre, le projet fut abandonné. Ce n'était rien moins qu'une violation du mandat et du dépôt que l'on proposait là, et qu'une dérogation flagrante à l'art. 1293 code civil, qui défend que la compensation puisse se produire dans le cas de sommes ou de choses déposées, et d'objets prêtés à usage ; de même le code pénal (art. 408) punit de la prison et de l'amende le détournement de valeurs confiées à titre de dépôt.

Les conditions que la loi exige pour accorder la revendication sont au nombre de quatre :

1° Il faut que les titres n'aient pas été payés ; 2° qu'ils existent encore en nature ; 3° qu'on les trouve dans le portefeuille du failli; 4° qu'ils aient été remis, soit à titre de mandat, soit à titre de dépôt, soit enfin affectés à des paiements déterminés.

Primo: Cette première condition, à savoir que les titres n'aient pas encore été payés, ne peut donner lieu à aucune difficulté.

Il est évident que le titre, une fois payé, est sorti des biens du failli, et la somme qui le représente, bien qu'actuellement dans la masse, ne saurait légalement, nous venons de le voir, faire l'objet d'une revendication. Donc, le maître des titres viendra comme les autres créanciers sur l'actif de la faillite, mais sans préférence ni autre privilége.

Du reste, remarquons-le, c'est au défaut de paiement des effets de commerce ou autres, qu'il faut s'attacher et non à leur exigibilité. La revendication est possible qu'ils soient échus ou non, si toutefois ils n'ont pas été payés. L'encaissement par le failli, avant ou après l'échéance, est un fait qui dépend purement du hasard et qui ne peut par conséquent exercer aucune influence sur la situation respective du failli et du revendiquant. De ce qu'une créance est échue, en effet, il ne s'ensuit pas que le droit au titre disparaisse, puisqu'il subsiste dans son entier; on ne peut raisonnablement, dans ce cas, refuser la revendication.

Secundo: L'effet doit se trouver en nature,

quoi de plus juste ? n'est-il pas de toute nécessité qu'il ne soit pas confondu avec ceux appartenant au failli ; il faut donc qu'il ait conservé une existence propre ; la revendication permise des sommes provenant du paiement de ces effets présenterait de grands inconvénients. La distinction à faire dans la caisse du failli serait à peu près impossible ; l'expéditeur qui a à s'imputer une confiance trop grande, conservera une action personnelle pour les valeurs confondues dans la masse des biens du failli. L'expression « en nature » ne doit toutefois pas se prendre à la lettre, ni s'entendre d'une façon trop rigoureuse, et dans chaque espèce le juge recherchera si la confusion a existé ou non.

Il peut, en effet, arriver qu'un débiteur gêné dans ses affaires ait renouvelé les effets qu'il avait souscrits ou en ait donné d'autres en couverture; il est vrai de dire que les billets ne sont plus identiquement les mêmes, mais ils sont représentés suffisamment par les nouveaux; la créance et son fondement restent identiques. C'est une subrogation d'un titre à l'autre; serait-il raisonnable de refuser la revendication ? Non certes; car le failli est toujours mandataire, et son mandat n'a point cessé en changeant d'objet. Les effets n'ont pas été confondus dans la masse des biens du failli; donc ils pourront être revendiqués.

Nous devrons raisonner de même dans le cas

où le failli n'aurait pas gardé en sa possession les effets qui lui ont été envoyés pour en soigner le recouvrement, et les aurait remis à un escompteur. Si ce dernier en a fourni les fonds, il est constant et il résulte des principes connus qu'il ne peut plus être question de revendication. Mais supposons que le contraire arrive, et que ledit escompteur n'ait point encore payé, là encore la valeur pourra être revendiquée comme représentation des effets escomptés, bien qu'on ne puisse plus dire qu'ils existent en nature. Nous trouvons la justification de cette opinion dans l'article 575, qui permet au commettant, expéditeur de marchandises destinées à être vendues, de revendiquer le prix de celles dont la vente a eu lieu par commissionnaire, quand ce dernier est encore débiteur du prix.

Tertio. Troisième condition, nous dit l'article, les effets doivent être encore dans le portefeuille du failli. Mais on ne doit pas interpréter ces mots d'une façon trop littérale, il faut l'entendre en ce sens que le failli doit n'en avoir pas transmis la propriété à des tiers.

On pourrait donc revendiquer non-seulement les effets dont il ne s'est pas dessaisi, mais encore ceux qu'il a confiés à d'autres personnes, soit dans le but de les négocier, soit dans le but d'en encaisser la valeur.

Tous les préposés, quels qu'ils soient, courtiers, agents de change, mandataires ou correspondants auxquels la propriété n'a pas été transmise ne font que représenter la personne même du failli, et tous les effets trouvés dans leur portefeuille sont considérés comme l'ayant été dans celui du failli. Un arrêt de la Cour de cassation a consacré cette doctrine,(*Cas.* 5 *févr.* 1812). Allons plus loin encore et disons que dans le cas où le mandataire du failli serait lui-même et en même temps son créancier, il ne saurait se payer de ce qui lui est dû sur la valeur des effets qui lui ont été remis pour en faire le recouvrement : les règles fondamentales du mandat s'y opposent.

C'est au moment de la faillite que les effets doivent se trouver dans le portefeuille du failli, car le droit à la revendication se trouve fixé par l'ouverture de la faillite. C'est à cet instant qu'il suffit que la confusion ne soit pas opérée entre les effets ou leur valeur et les biens du failli pour que la revendication soit possible ; s'ils étaient confondus postérieurement, cela ne pourrait pas avoir pour conséquence de lui nuire ; et ce principe a été consacré même contre les tiers-porteurs de bonne foi ; de même les effets de commerce en portefeuille pourront être revendiqués lorsqu'ils lui auront été remis à un titre translatif de propriété, mais sous une condition suspensive qui n'est pas encore accomplie lors du jugement déclaratif, et qui ne pourra pas s'accomplir après ce jugement.

Il nous reste maintenant à savoir sous quelles conditions les titres remis au failli mandataire seront considérés comme sortis irrévocablement de ses mains; dans quels cas, en un mot, il y aura aliénation de ces titres.

La matière devient délicate quand le failli aura endossé les effets revendiqués. En premier lieu, pour que l'endossement produise la translation de propriété du titre, il faut qu'il soit régulier. Or, pour être régulier, il doit, nous dit l'article 137, « être daté, exprimer la valeur fournie, énoncer le nom à l'ordre de qui il est passé... » Enfin l'article 138 ajoute : « Si l'endossement n'est pas conforme aux dispositions de l'article précédent, il n'opère pas le transport, il n'est qu'une procuration. » Nous voyons donc que le premier effet de l'endossement régulier est de transmettre au cessionnaire la propriété de la traite endossée.

Mais il semble au premier abord, et c'est l'objection qui se présente naturellement à l'esprit, que si le failli n'est que mandataire, il a manqué du pouvoir nécessaire pour transmettre la propriété de l'effet par un endossement, si régulier qu'il soit. Cette objection, en effet, serait juste, et devrait nous arrêter si on appliquait scrupuleusement les règles du droit civil sur le mandat. « Le mandat conçu en termes généraux, nous dit l'article 1988, n'embrasse que les actes d'administration. »

Déjà, sous l'ordonnance de 1673, et ensuite sous le Code de 1808, la jurisprudence avait admis que le mandataire avait le pouvoir de valablement transférer la propriété de la lettre de change ou qu'un endossement irrégulier, bien que ne valant que simple procuration aux termes des articles 137 et 138, constituait néanmoins un mandat suffisant et pour négocier et pour recouvrer. Il résulte nécessairement, en effet, de la nature de la lettre de change qu'un mandat donné pour en assurer le recouvrement doit emporter avec soi le pouvoir de négocier l'effet et aussi celui de le céder. Il est bon de remarquer enfin que le propriétaire des effets a un moyen d'empêcher ce résultat en restreignant les droits du mandataire par ces mots : « Valeur en recouvrement. »

Nous dirons, pour nous résumer, que si l'endossement mis par le failli est irrégulier, comme il ne vaudra que comme simple procuration, la revendication sera par conséquent possible, bien que l'effet ne soit plus aux mains propres du failli. Cependant il ne serait pas prudent, en pratique, de nous en tenir à l'application littérale des art. 137 et 138, car il n'est pas de point de droit sur lequel la jurisprudence ait présenté de plus grandes variations.

Dès le début, on voulut donner aux articles précités leur sens réel et juridique, et la Cour de cassation nous en fournit de nombreux exemples.

(*Cour de cassation*, 27 *janvier* 1812, 29 *mars* 1813, 15 *juin* 1831.) Mais bientôt voyant qu'elle se heurtait aux intérêts véritables du commerce, la jurisprudence se relâcha de sa rigueur; et en présence d'un endossement en blanc ou n'énonçant pas la valeur fournie, elle permit au porteur de prouver contre son endosseur, mais seulement contre lui, la fourniture de la valeur. (*Cour de cassation*, 25 *janvier* 1832, 30 *décembre* 1840, 25 *juin* 1845, 20 *décembre* 1859, (1).

Notre ancien droit nous présente des précédents dans un pareil ordre d'idées; nous pouvons citer, en effet, l'ordonnance de 1673 (art 23, 24, 25, titre IV), dont les art. 137 et 138, Code de commerce, ne sont en quelque sorte que la reproduction, et que les usages commerciaux ne respectèrent jamais. Déjà, à cette époque, devant les réclamations et les exigences du commerce, on fut contraint de décider qu'un endossement bien qu'irrégulier, tel qu'un endossement en blanc, pouvait transférer la propriété de la lettre de change, et les arrêts des parlements sont là-dessus presque unanimes :

Parlement d'Aix, arrêts de 1732 *et de* 1765;
— *de Paris, arrêt du* 4 *février* 1777.

Cette jurisprudence fut sanctionnée par la puissante autorité du chancelier d'Aguesseau,

(1) D'après la Législation Allemande et Anglaise l'absence de date n'emporte pas nullité de l'endossement. (Félix et Strafford-Carey revue étrangère et française, Tome II page 499.)

dans une lettre duquel, adressée au procureur général du parlement de Toulouse, nous relevons cette phrase : « Ces abus sont du nombre de ceux que les lois humaines ne sauraient prévenir entièrement, et qui, ne pouvant causer que quelques inconvénients particuliers, sont largement compensés par l'utilité publique. » Ajoutons que les législations étrangères n'ont point adopté la théorie du Code de commerce français, et qu'elles n'exigent aucune condition spéciale autre que la signature de l'endosseur, pour que l'endossement soit régulier.

La Cour de cassation a, de nos jours, tenu la même conduite que nos parlements d'autrefois, et on peut dire que les textes des art. 137 et 138 sont tombés en désuétude. La dérogation qui y est faite, une fois constatée, il nous faut voir maintenant les différents systèmes que la doctrine et la jurisprudence nous offrent pour les remplacer.

Un premier système qui a pour lui la majorité des arrêts et l'autorité constante de la Cour suprême, est celui que nous avons présenté tout d'abord et qui consiste à donner au porteur d'une lettre de change endossée en blanc, le droit de faire la preuve de la valeur fournie contre son endosseur seul. On a été enfin jusqu'à permettre au porteur de faire la preuve de cette valeur à l'égard non seulement de son endosseur immédiat, mais encore à l'égard des tiers et de tous les signataires de l'effet. Nous n'avons pas à entrer dans la discussion du mérite de ce dernier système; il n'est pas acceptable, car il a pour effet de confondre les rapports du porteur avec son cédant, auquel cas il peut prouver l'intention de ce dernier de lui céder la propriété du titre, et les rapports du porteur avec les tiers, à l'égard desquels il est traité comme un simple mandataire. La solution que nous combattons amènerait cette confusion regrettable, et la jurisprudence l'a repoussé presque unanimement.

Pour revenir à notre matière, la revendication sera possible chaque fois que l'endossement fait par le failli vaudra comme simple procuration, que le titre qui en sera l'objet soit ou non actuellement dans le portefeuille du failli. Nous n'aurons donc pas égard à la forme de l'endossement, puisque nous savons maintenant que la preuve contraire étant admise, un endossement irrégulier, en blanc ou sans énonciation de la valeur fournie peut, suivant les circonstances, être considéré comme ayant valablement transporté la propriété du titre en effets de commerce; il s'ensuit que toute la difficulté consiste dans la preuve du mandat, et c'est aux tribunaux à apprécier ces preuves. Remarquons bien, du reste, que ces distinctions seraient superflues, et que la revendication serait toujours admise dans le cas où ce ne serait qu'à une époque postérieure au jugement déclaratif que l'endossement aurait été mis par le failli. (*Cassation*, 24 *juin* 1834.) L'art. 443

nous dit en effet : « que le jugement déclaratif de la faillite emporte de plein droit, à partir de sa date, dessaisissement pour le failli, de l'administration de tous ses biens, même de ceux qui peuvent lui écheoir tant qu'il est en état de faillite. » Le même résultat se produirait, si c'était non pas le mandataire, mais bien l'expéditeur lui-même qui soit tombé en faillite. En effet, conformément au principe général posé par l'art. 2003, C. civ., le mandat prend fin par la faillite ou la déconfiture, soit du mandataire, soit du mandant. L'endossement mis par celui qui a reçu l'effet tombe de lui-même du moment qu'il a été apposé à une époque où le mandat avait cessé. Si les effets remis au failli et négociés par lui ont été retournés sans avoir été payés, il est encore évident que la revendication demeurera possible, car la cession qui les a fait sortir des mains du mandataire failli se trouve rétroactivement annulée.

Si, parmi les remises faites, il se trouve des traites souscrites ou acceptées par le mandataire lui-même, la question ne présentera d'intérêt pour l'expéditeur que s'il existe d'autres endosseurs, et nous pensons qu'il ne peut y avoir de doute sur la question de savoir si la revendication doit être accordée ; car, bien que débiteur, le failli n'en reste pas moins mandataire.

Nous pouvons supposer aussi, et il peut arriver, que l'encaissement n'ait eu lieu qu'imparfaitement ; en un mot, qu'il n'y ait eu que des paiements partiels. Si le failli a livré les titres, notre question ne peut naturellement pas se présenter; mais si, au contraire, ils sont encore en sa possession, rien, selon nous, ne peut empêcher le propriétaire d'exercer son action en revendication, sauf, pour ce qui a été payé, à n'avoir aucun recours privilégié sur la masse des biens du failli.

Une question peut encore se présenter qui divise profondément la jurisprudence : la preuve de la valeur fournie, que nous avons reconnu au porteur le droit d'opposer à son endosseur, pourra-t-elle aussi être opposée aux représentants et ayants-cause de cet endosseur ?

Nous supposons que l'endossement fait par l'envoyeur a été régulier, et que cependant il revendique contre la faillite. Pourra-t-il, bien que la propriété paraisse avoir été régulièrement transférée, prouver que la valeur n'a pas été fournie, et que par conséquent il ne peut y avoir là qu'une simple procuration ? La raison de douter vient de ce que le failli s'est effacé pour faire place à ses créanciers, qui, vis-à-vis de l'envoyeur, ne paraissent être que des tiers étrangers à l'acte d'endossement. La Cour de cassation, après des arrêts contraires, a, par sa plus récente décision, admis que la preuve de la valeur fournie produit contre les créanciers du failli les mêmes effets que contre le failli lui-même ; elle a jugé que, dans l'espèce, les créanciers du failli, loin d'être des tiers, étaient directement les représentants et les ayants-cause du failli, conformément à l'article 443 du Code de commerce, et ne sauraient, en conséquence, avoir plus de droits que le failli lui-même. Toutefois, ici comme plus haut, les tribunaux doivent user d'une grande sévérité quand il s'agit d'admettre des preuves de cette nature.

Quarto. Enfin, la quatrième condition exigée par la loi est la suivante : que l'envoyeur n'ait donné qu'un simple mandat pour faire le recouvrement, avec mission d'en garder la valeur à sa disposition, ou qu'elle ait été par lui affectée spécialement à un paiement déterminé. Cette condition est fondée sur l'intention présumée des parties, car il n'est pas probable, dans l'espèce, que le propriétaire, en faisant les remises que nous lui reconnaissons le droit de revendiquer, ait entendu en quelque façon suivre la foi du failli.

Quant au payement à faire, il suffit que ce soit un payement quelconque, et non pas, comme sous l'empire du Code de 1808, le payement de lettres de change acceptées ou de billets tirés au domicile du failli (art. 583) : « Si les remises ont reçu de sa part la destination spéciale de servir au paiement d'acceptations ou de billets tirés au domicile du failli. »

Nous pensons que la loi a entendu parler d'une destination explicite, déterminée par la correspondance, indiquant positivement l'emploi de chaque remise ; et, à défaut d'une affectation spéciale ainsi que nous l'entendons, ou d'un mandat de conserver, la revendication ne peut avoir lieu, alors même que l'expéditeur ait stipulé le retour en cas de non paiement. En effet, cette stipulation n'empêche pas l'encaissement, et dès lors la confusion s'opère avec les biens du failli. La stipulation de retour à défaut de payement, soit avec protêt, soit sans frais, n'empêche pas que celui auquel la remise a été faite n'en devienne propriétaire, de même qu'il le serait des effets qui ne contiendraient point cette stipulation ; or, si la propriété lui est acquise, la revendication cesse d'être possible.

Il peut arriver, en pratique, que des effets soient remis en paiement de contre-valeurs ; nous supposons qu'un négociant a remis à un banquier un billet contre une lettre de change. Appliquerons-nous les règles de l'échange en droit civil, et en conséquence admettrons-nous la revendication des billets remis ? En aucune façon. En effet, les règles du droit commun sont ici sans application, et l'article 1705 du Code civil ne saurait trouver sa place. Le billet remis en échange de la lettre est un véritable prix de vente, confondu dans la masse de la faillite. On ne peut voir là ni contrat de dépôt ni contrat de mandat. (*Limoges*, 15 *février* 1823.)

On se rappelle qu'en mentionnant la suppression de l'ancien article 583, nous en avons cité es termes : « La revendication a lieu, dit cet article, pour les remises faites sans acceptation ni disposition, si elles sont entrées dans un compte courant par lequel le propriétaire n'est que créditeur ; mais elle cesse d'avoir lieu si, à l'époque des remises, il était débiteur d'une somme quelconque. » Ce qui nous amène à traiter succinctement, d'une matière qui se trouve liée d'une façon intime à notre sujet : à savoir, le compte courant. On appelle ainsi la situation de deux personnes qui s'engagent à faire l'une pour l'autre des versements et des encaissements, sous la double condition de régler leur position réciproque à une époque déterminée, et avec faculté pour chacune des parties de disposer à son profit des sommes qu'elle a encaissées pour l'autre, jusqu'au règlement définitif de leur compte.

La transmission de la propriété d'une valeur est donc une condition essentielle de l'existence d'un compte courant ; il faut nécessairement que le droit de disposer existe. Cela est si vrai, que les effets reçus en compte courant, produisent intérêts de plein droit (*Cassation*, 9 *janvier* 1838, 8 *mars* 1853, 24 *mai* 1854). Et il est évident qu'il ne peut y avoir lieu à aucune revendication des remises faites.

Nous trouvons fréquemment, dans les usages commerciaux, une clause de « sauf encaissement » qui, au premier abord paraîtrait devoir exercer sur notre décision une certaine influence.

Il n'en est rien cependant : cette clause, alors même que les parties ne se sont pas exprimées formellement à son sujet, doit être, en effet, toujours sous entendue.

Les tribunaux de commerce et la Cour de cassation elle-même ont admis constamment la clause tacite de sauf encaissement. (*Cassation, 15 janvier* 1823, 10 *mars* 1852). Car il est de principe que le compte courant n'entraîne de crédit définitif qu'après encaissement de la valeur ; jusque là le correspondant qui reçoit des effets, n'établit contre lui qu'une créance conditionnelle et subordonnée au paiement de l'effet. Or, cette clause de sauf encaissement exprimée ou sous-entendue ne peut en rien modifier les effets du compte courant. Les titres envoyés au correspondant n'en deviennent pas moins sa propriété exclusive, et l'expéditeur ne peut, par conséquent ; avoir aucun droit de revendication. Le seul effet de cette clause, résultat pour nous sans intérêt, c'est que, au cas où les titres ne sont pas payés à l'échéance, elle constitue, en faveur du correspondant, une condition résolutoire, qui lui donne le droit de contrepasser au débit, de l'expéditeur, le montant des valeurs non payées, qu'il avait d'abord sauf encaissement inscrites à son crédit. L'endossement du titre et la cession qui en est l'objet, conservent toute leur force et ne sauraient recevoir aucune atteinte d'une clause établie uniquement au profit du correspondant et en vue d'un non paiement à l'échéance.

Il peut arriver enfin que l'expéditeur soit lui-même tombé en faillite et que le correspondant, dans l'ignorance de cet événement, lui renvoie des effets qui n'auraient pas été acquittés à l'échéance. Nous admettrons qu'il pourra revendiquer, car s'il a contrepassé les traites au débit de l'expéditeur, et les lui a renvoyées, ce n'était que sous la condition qu'elles seraient remplacées dans ses mains par d'autres remises ; son droit à la propriété des effets dont il poursuit la restitution est établi par les endossements, et c'est la remise qu'il en a faite qui doit être réputée non avenue. Comme en matière de mandat ordinaire, la mort, faillite ou déconfiture du correspondant fait cesser tout compte courant ; les expéditeurs sont donc fondés à revendiquer les titres qu'ils lui ont expédiés, dans le cas où ce n'est qu'après la mort ou la faillite, qu'ils sont arrivés à destination.

Pour nous résumer, et dans toutes ces recherches, soit pour savoir quelle a été la position respective de l'expéditeur et du correspondant, soit pour savoir si la propriété est restée sur la tête du premier ou est passée sur celle de celui qui a reçu les titres ou effets, soit enfin pour déterminer la nature du mandat donné, toute espèce de preuves admissibles en matière de commerce sont recevables. Des faits, des présomptions graves, précises et concordantes, la preuve testimoniale, la correspondance des parties qui joue surtout un grand rôle en pareille matière, tous ces moyens de preuves peuvent servir à éclairer le tribunal et à fixer l'opinion des juges.

Quant au délai pour exercer cette action en revendication, rien n'a été fixé par la loi ; nous en concluons donc que les parties ont à ce sujet toute latitude, au commencement comme à la fin des opérations de la faillite. Peut-être même faudrait-il aller jusqu'à dire qu'elle peut être intentée dès l'existence du fait de la cessation des paiements.

CHAPITRE III

De la revendication des marchandises remises à titre de dépot ou consignées pour être vendues pour le compte de l'expéditeur.

La revendication en matière de dépôt et de consignation, a toujours été facilement admise par le législateur; il ne peut être, en effet, question de transport de propriété sur la tête du mandataire. Ce sont deux contrats définis et déterminés dont l'interprétation ne peut donner lieu à aucune controverse, et dont la nature très-favorable aux yeux du législateur, l'a rendu moins sévère sur les conditions auxquelles l'action révocatoire est dans ce cas subordonnée. Rien n'est plus légitime que la revendication en pareille matière. Les créanciers n'ont pas été en droit de penser que les marchandises déposées ou consignées pourraient leur servir de gage; rien n'a pu les induire en erreur.

Nous n'avons donc qu'à appliquer les règles pures et simples de la revendication en droit civil. Le Code de 1808 l'a admise sans difficulté, et la loi de 1838 n'a pas eu à en discuter le fondement.

Ainsi donc, aux termes de l'art. 575 : « Pourront être également revendiquées, aussi longtemps qu'elles existeront en nature, en tout ou en partie, les marchandises consignées au failli à titre de dépôt ou pour être vendues pour le compte du propriétaire; pourra même être revendiqué le prix ou la partie du prix desdites marchandises, qui n'aura été ni payé ni réglé en valeurs, ni compensé en compte courant entre le failli et l'acheteur. »

Ainsi, la loi va plus loin, et non seulement elle accorde la revendication des marchandises elles-mêmes, mais elle permet aussi au déposant d'exercer son droit sur le prix d'icelles, en admettant toutefois qu'il soit encore dû par l'acheteur. Il a comme un privilége sur la marchandise, avec, en quelque sorte, un droit de suite. Ceux donc qui ont déposé des marchandises, ceux qui les ont consignées pour être vendues à leur compte, peuvent, en cas de faillite du dépositaire ou du commissionnaire, revendiquer ces marchandises; mais la loi, bien entendu, n'a pas limité ce droit au propriétaire seul; tous ceux qui le représentent ou qui continuent sa personne ont les mêmes droits que lui. Nous pouvons citer les héritiers, cessionnaires, mandataires, liquidateurs d'une société qui se trouvent tous dans ce cas. L'art. 581 (*ancien Code*) était d'accord avec notre interprétation.

D'après le texte de la loi, nous pouvons formuler deux hypothèses :

1° Ou la revendication porte sur la marchandise elle-même ; 2° ou elle porte sur le prix de ces marchandises qui est encore dû par l'acheteur. Pour que la première de ces revendications soit admise, la loi exige certaines conditions. Il faut, avant tout, que le propriétaire qui revendique prouve que la propriété lui est restée ; condition essentielle qui ne peut donner lieu du reste à aucune difficulté. Cette preuve pourra résulter d'un moyen quelconque ; car nous sommes en matière commerciale, et nous savons qu'on admet avec facilité la preuve testimoniale ou celle qui pourrait résulter des lettres et correspondances échangées entre les parties. C'est aux juges du fait à décider d'après les circonstances. La loi exige une seconde condition, dont l'importance considérable nous a déjà été démontrée à savoir qu'au moment de l'ouverture de la faillite, les marchandises existent en nature entre les mains du failli. Si, bien que n'étant plus dans les biens du failli, elles se trouvent entre les mains de ses préposés ou de ses mandataires, commis, courtiers ou autres, dans ces différents cas, la revendication restera possible ; car, comme nous l'avons décidé, lorsqu'il s'est agi de la revendication des effets de commerce, les magasins des représentants quelconques du failli doivent être considérés comme ses magasins mêmes, et la propriété ne se trouve pas déplacée en même temps que l'objet. Peu importe en quelles mains les marchandises se trouvent, pourvu qu'elles n'y soient pas à titre de propriété.

Supposons que le failli ait donné en gage la marchandise déposée pour garantie d'une dette qui lui est propre. S'il y a eu fraude de la part du détenteur actuel, le revendiquant conserve ses droits, car le gagiste ne saurait par son dol et sa connivence avec le failli se créer une position meilleure. Mais si, au contraire, il a agi de bonne foi, si c'est dans l'ignorance du dépôt qu'il a accepté l'objet à lui donné en gage, par la toute-puissance de sa bonne foi, il primera le droit du revendiquant, et ce dernier ne sera admis à la revendication qu'à la charge par lui d'indemniser le créancier, auquel la chose aura été remise en gage, ce qui comprend non seulement le remboursement des sommes que les marchandises garantissent actuellement, mais encore les sommes dues à une époque antérieure et auxquelles le gage se trouve aussi affecté par application de l'article 2082 (*Rouen*, 7 *juin* 1817) (gage tacite), sauf le recours en dommages-intérêts possible, mais souvent illusoire, contre le failli et l'action que le droit criminel accorde contre le dépositaire infidèle.

Si le dépositaire, au lieu d'engager la chose déposée, vient à la vendre, et que l'acheteur soit de bonne foi, tout droit à la revendication cesse.

Le propriétaire ne saurait alléguer qu'il y a eu vente de la chose d'autrui, et que cette vente est nulle aux termes de l'article 1599, Cod. civ.; car un autre article du même Code, l'article 2279, nous dit expressément qu'en fait de meubles, la possession vaut titre, et l'article 2280 ajoute que le droit de revendiquer sa chose n'est accordée au propriétaire que dans deux cas, celui où la chose a été perdue ou volée. Peut-être nous objectera-t-on qu'il y a là un véritable vol, et qu'alors notre article trouve son application, mais une jurisprudence constante distingue le vol de l'abus de confiance; nous nous trouvons en présence d'une escroquerie et non pas d'un vol : la Cour de cassation a décidé que la revendication n'est pas recevable contre celui qui a de bonne foi reçu une chose escroquée (*Cassation*, 20 *mai* 1835.)

On s'est demandé dans l'hypothèse où la chose déposée, vendue, ou donnée en gage n'a pas encore été délivrée à l'acheteur ou au créancier, ce qu'il faut décider. Rien ne s'oppose à la revendication, et le déposant est en droit d'empêcher la délivrance des marchandises; car le principe de l'article 2279 ne peut s'appliquer, puisque l'acheteur n'est pas en possession, et que c'est à la possession seule, jointe à la bonne foi du détenteur, que la loi accorde une force assez grande pour primer le droit du propriétaire. La vente est annulée de plein droit, comme vente de la chose d'autrui, et le bénéfice de la revendication reste acquis au déposant. Si cependant au lieu de marchandises déposées, il s'agissait de marchandises consignées que le commissionnaire avait mandat de vendre, l'expéditeur ne pourrait s'opposer à leur enlèvement; car la vente est parfaite, puisque c'est d'après ses ordres qu'elle a eu lieu. Ainsi donc, bien que vendues par le commissionnaire, et non encore délivrées au moment de la faillite de ce dernier, elles ne pourraient pas être revendiquées par le commettant.

De ce que le commissionnaire, outrepassant les ordres de son mandant, aurait vendu des marchandises contre sa volonté, il ne faudrait pas en conclure que la vente fût nulle, en restant toujours dans l'hypothèse de la non délivrance de ces marchandises. Sans doute, il y aurait lieu à une action en dommages-intérêts contre le mandataire, mais nullement une cause de nullité de la vente faite à un tiers de bonne foi : les droits acquis doivent être respectés. Supposons maintenant que le commissionnaire s'est vendu à lui-même les marchandises consignées entre ses mains ; pourra-t-on revendiquer la marchandise encore existante dans les magasins ? Pour résoudre la question, nous ferons une distinction. Si le commettant avait eu connaissance de cette vente et qu'il n'y ait eu aucune opposition de sa part, rien ne nous autorise à admettre la revendication; car le propriétaire ne peut se plaindre de l'exécution de ses ordres. De plus, le contrat de commission a fait place à un contrat de vente pure et simple, et en appliquant ici les principes que nous connaissons, la revendication n'est plus possible, puisque les marchandises sont non seulement délivrées mais encore entrées dans les magasins du failli. Dans le cas contraire, c'est-à-dire si le commissionnaire n'avait pas averti son commettant de la vente qu'il se faisait à lui-même, la situation étant complétement modifiée, nous admettrions la revendication. Car il est de la nature du contrat de commission qu'il y ait des tiers acheteurs; et le mandataire ne peut de sa seule autorité en changer si complétement les règles. La vente qu'il s'est faite n'existe pas aux yeux du mandant; car il n'y a pas exécution du contrat, mais excès de pouvoir de la part du commissionnaire; la loi défend d'acheter ce qu'on est chargé de vendre (art. 1596 C. civ.). S'il en était autrement, ce serait ouvrir la porte à des abus nombreux et à des fraudes dont l'effet serait de frustrer le propriétaire au profit de la masse des créanciers du failli. Ce dernier se sentant à la veille de faire faillite, ne manquerait pas de chercher par tous les moyens à grossir son actif pour rendre sa position meilleure et obtenir de ses créanciers des conditions plus favorables.

Une dernière obligation imposée au revendiquant, c'est de démontrer que les marchandises qu'il réclame sont absolument identiques à celles qu'il a déposées ou consignées. Il n'est pas besoin de se montrer aussi rigoureux dans l'application de cette condition que dans le cas d'une vente faite au failli. Ainsi, la circonstance que les marchandises ont subi une altération dans la forme, comme rupture des cordes, changement d'enveloppes et de marques, ne ferait aucun obstacle à la revendication. Il en serait de même d'une confusion apparente entre les marchandises consignées et d'autres appartenant au failli, si toutefois on pouvait les reconnaître facilement. Car de toutes ces circonstances, il ne peut pas résulter que le mandataire soit devenu propriétaire des dites marchandises. Le droit du propriétaire subsiste sur les débris de sa chose : « *Meum est quod ex re meâ supererit.* »

La revendication pourra donc s'exercer sur la marchandise, alors même qu'on n'en retrouve qu'une partie ; il est presque superflu de le dire. Mais, au contraire, tout droit cesserait pour le revendiquant, si à la place de sa marchandise vendue, il ne trouvait qu'une chose acquise en remplacement, bien qu'elle soit la représentation du premier objet et qu'elle ait été achetée avec une somme provenant de la vente de sa marchandise à lui ; l'identité exigée par l'art. 575 n'existe plus, et cela nous suffit pour repousser toute idée de revendication. Ce droit est restreint et limité à la chose même qui en est l'objet, et ne s'étend pas à des choses distinctes et indépendantes : en un mot on ne peut concevoir la revendication exercée par voie de subrogation réelle, par voie de substitution d'une chose à une autre.

L'art. 1948 du Code civil accorde au dépositaire un droit de rétention pour le garantir du remboursement de ses avances et des frais ou pertes que lui ont occasionné la chose déposée ; en outre le Code de commerce (art. 95) donne au commissionnaire qui a fait des avances sur les marchandises qu'on lui a expédiées, un privilége pour lesdites avances avec les intérêts, sur le prix des marchandises vendues. L'art. 576 (loi de 1838) qui nous régit actuellement a appliqué les principes des deux articles que nous venons de citer, mais il semble devoir la restreindre au vendeur non payé. Doit-il en être ainsi et devons-nous considérer comme réelle cette prétendue limitation ? Nous ne le croyons pas. Il résulte des travaux préparatoires de la loi, que le législateur, loin de vouloir établir la restriction qu'on a voulu y voir, n'a fait qu'obéir à des nécessités de classement et de numérotage, auxquelles des changements successifs donnèrent lieu. Il y a donc dans la fin de l'article 576 une disposition générale destinée à dominer toutes les matières comprises au chapitre.

Voici une espèce dont la pratique nous a fourni des exemples : un vendeur informé de la faillite de son acheteur, réclame par lettres au failli les marchandises qu'il lui a livrées et qui sont en route. Ce dernier répond qu'il ne les recevra pas, et cependant à leur arrivée elles sont emmagasinées dans les entrepôts du failli. La revendication sera-t-elle possible ? Oui, si nous supposons que le vendeur a adhéré à cette proposition de l'acheteur, car il n'y a pas eu livraison, mais bien *distractus*, comme on disait en droit romain. Au contrat primitif a succédé un contrat de dépôt pur et simple ; la vente a cessé d'exister et a été résolue rétroactivement du consentement mutuel des parties : les créanciers ne sont donc pas recevables à dire qu'ils ont pu compter, comme sur leur gage, sur des marchandises à la propriété desquelles leur débiteur failli n'avait aucun droit. (*Rennes*, 23 *février* 1815.)

Passons maintenant à la revendication du prix. Nous avons vu par quelle idée de faveur le législateur l'a admise. Le prix des marchandises doit être restitué, pourvu qu'il n'ait été ni payé ni réglé en valeurs, ni compensé en compte courant entre le failli et l'acheteur. Ce droit n'est du reste pas nouveau, nous le trouvons formulé dans l'article 581 du code de 1808, mais avec une bizarre distinction : s'agissait-il de marchandises consignées pour être vendues pour le compte du commettant, la revendication du prix était possible ; s'agissait-il, au contraire, d'un simple dépôt aucun droit n'était accordé au déposant. Cette différence dont le motif nous échappe, disparut avec la loi de 1838, et la revendication a lieu dans les deux cas que prévoit l'art. 575. Les conditions qu'il faut remplir pour être admis à la revendication du prix sont au nombre de trois : il faut établir qu'on est resté propriétaire des marchandises déposées ou consignées, que l'identité existe entre les marchandises déposées ou consignées pour être vendues et celles qui ont été vendues, et enfin que le prix n'a été payé ni réglé en valeurs, ni compensé en compte courant, entre le failli et l'acheteur.

Que le prix ne soit pas payé, c'est-à-dire qu'il ne soit pas confondu dans l'actif de la faillite, car une fois cette confusion opérée, il n'a plus que les droits d'un simple créancier chirographaire. Pourrait-on dire cependant que la revendication serait possible dans le cas où la somme aurait été trouvée, enfermée spécialement dans un endroit quelconque et étiquetée au nom du commettant? Nous ne le pensons pas, car cette solution serait en opposition avec les termes exprès du texte et favoriserait la complaisance frauduleuse du failli. Mais il n'est pas douteux que les tribunaux ont un pouvoir d'appréciation très étendu et qu'ils devront juger selon les circonstances du fait. Quant à la question de savoir si on doit admettre la revendication du prix qui vient à être payé après la faillite aux syndics ou au failli lui-même, elle doit être affirmativement résolue; car dans l'espèce on ne saurait concevoir aucune confusion possible après le jugement déclaratif dont l'effet est de dessaisir le failli et de fixer les droits de chacun des intéressés; dès le jour de cette ouverture, le commettant a été investi du droit de revendiquer ce qui n'était pas encore payé; des faits postérieurs qui lui sont étrangers n'ont pu rendre sa condition pire.

Mais quand y aura-t-il paiement et de quelles circonstances pourra-t-on l'induire? L'ancien art. 581, le même qui établissait la distinction singulière dont nous avons eu occasion de parler, autorisait la revendication du prix tant qu'il n'avait pas été payé, *ni passé en compte courant*. De cette rédaction, s'ensuivirent des difficultés nombreuses dont nous devrons citer quelques exemples, pour la clarté et l'explication de notre droit actuel.

On décidait, sous l'empire de cet article, qu'une souscription d'effets, le règlement d'une facture en lettres de change, des mandats ou des délégations, ne devaient pas constituer des paiements mais comme des moyens pour arriver à un paiement, comme un acheminement vers une libération. De là à permettre la revendication de ces titres ou effets comme représentation de la chose et du prix il n'y avait qu'un pas, et on ne reculait pas devant cette conséquence. En présence de la rédaction de l'art. 575 qui interdit toute revendication au cas *où le prix a été réglé en valeurs*, cette controverse a pris fin et devient désormais sans intérêt. Reste à savoir le sens que l'on doit donner à un règlement en valeurs et à quels signes il faut le reconnaître. Tout d'abord le doute ne peut pas se présenter, et il y a paiement réel, si l'acheteur a endossé au profit de son vendeur un effet qu'il avait en sa possession. En serait-il de même s'il avait souscrit ou passé directement à l'ordre du commettant un billet quelconque? Certains auteurs ne veulent pas voir là un paiement; la dette continue, selon eux, à exister, sous une autre forme il est vrai, sous la forme du billet à ordre, et par conséquent ils accordent l'action de revendication. Nous ne nous rangerons pas à cette opinion, mais nous pensons au contraire qu'il y a là un paiement valable, que le billet constitue réellement une valeur, et qu'en conséquence il n'y a pas lieu d'accorder au propriétaire le droit de revendiquer. C'est une novation par changement de cause. On doit comprendre par ce mot *valeur*, tout titre au porteur ou tout effet transmissible par l'endossement ou par la voie du transport ordinaire : tout effet négociable en un mot, car elle constitue une sorte de monnaie qui tient lieu d'espèces. (*Cassation* 27 *juillet* 1858.)

On ne peut, sous peine de s'écarter du texte et de l'esprit de la loi, vouloir établir des distinctions entre le cas où le billet émane directement de l'acheteur et celui où il n'est qu'endossé par lui.

Il peut arriver en pratique que des billets soient directement souscrits ou passés par l'acheteur à l'ordre du propriétaire vendeur. Qu'arrive-t-il? Nous sommes portés à admettre dans ce cas la revendication, nous fondant sur ce qu'on ne peut pas redouter ici que les valeurs soient confondues dans le portefeuille du failli. Une telle opinion rentre dans l'esprit de la loi : quels droits le failli ou ses créanciers pourraient-ils invoquer sur ces billets qui ne lui ont jamais appartenu : Or, si on l'admet, il n'y a aucune bonne raison pour refuser la revendication. Il devrait en être de même, selon nous, dans le cas où les billets souscrits par l'acheteur à l'ordre du failli, ont été ensuite par celui-ci endossés au profit du commettant.

Devrons-nous voir enfin un paiement dans la compensation entre une dette du commissionnaire et le prix des marchandises? Nous sommes portés à le penser, et le droit de revendication cesserait. En effet, il arrive que, d'un côté, la vente des marchandises a eu lieu, et que, d'un autre, l'acheteur a payé par compensation aussi valablement que s'il eût donné une somme d'argent effective. Il n'en serait sans doute pas de même si, malgré l'exigibilité de la créance, l'acheteur s'était obligé à payer le prix entre les mains du commissionnaire : il ne serait pas recevable, dans ce cas, à invoquer plus tard la compensation, et cela par application du droit commun en pareille matière.

A la rédaction vague de l'article 581 qui permettait la revendication toutes les fois que le prix n'avait pas été passé en compte courant entre le failli et l'acheteur, la loi de 1838 a substitué la formule suivante : « prix compensé en compte courant, » d'où la fin de bien des controverses. Il faut donc maintenant que le commissionnaire soit réellement et actuellement débiteur de l'acheteur à l'époque de la vente et que les deux dettes soient également liquides et exigibles ; il faut qu'au moment de la faillite, le prix de la marchandise vendue pour le compte d'un tiers se trouve compensé dans l'intérêt de l'acheteur, avec une somme à lui due par le commissionnaire. C'est alors seulement qu'on pourra y voir un véritable paiement, et que, comme conséquence, la revendication deviendra impossible. Si, au contraire, il n'y a eu qu'une apparence de compte courant, comme si l'on s'est borné à inscrire au crédit du commissionnaire le prix des marchandises vendues, dans cette hypothèse, le droit de revendication reste au commettant, car l'acheteur doit encore son prix. Mais dès qu'un compte courant réel aura existé entre l'acheteur et le failli, dans le cas où par suite de remises réciproques le débit passé par l'une des parties compensera le crédit de l'autre, la créance du prix de vente des marchandises sera éteinte et non susceptible de revendication, quelles que soient les opérations qui postérieurement auraient pu intervenir entre le failli et l'acheteur, et quel qu'en soit le résultat, alors même que ce dernier fût redevenu débiteur ; car l'identité dans les sommes réclamées ferait défaut. Quand bien même l'acheteur, au moment de la vente, serait déjà débiteur du commissionnaire, nous ne saurions admettre dans l'espèce la revendication, car on ne peut soutenir que le prix soit encore dû ; la compensation n'a pu se produire, il est vrai ; mais nous nous fondons sur ce que le compte courant absorbe en lui la dette de l'acheteur et en opère la novation. Confondu dans ce compte, le prix de vente n'existe plus à proprement parler et ne saurait faire l'objet d'une revendication.

Si, au préalable, le commettant s'est fait avancer par le commissionnaire le paiement des marchandises qu'il lui confie pour être vendues, si la somme a été versée entre ses mains, la revendication se trouve, bien entendu, impossible, puisqu'il y a eu une sorte de forfait de la part du mandataire ; c'est plutôt le caractère de la vente pure et simple qui domine ici que celui de tout autre contrat. Mais nous pouvons supposer qu'au lieu d'une somme d'argent, comme représentation du prix, on l'ait réglé en valeurs : voici des effets souscrits par le commissionnaire directement, ou des billets endossés par lui à l'ordre du commettant. S'ils sont échus au moment de la faillite, notre question ne peut se présenter, car tout est réglé définitivement ; mais, au cas où l'échéance n'a pas encore eu lieu, peut-il, en rendant ces effets, revendiquer valablement contre les acheteurs le prix de sa marchandise vendue, selon les partisans de l'affirmative. Il y a eu là plutôt un projet de paiement que paiement réel, et on ne pourrait admettre qu'il y ait eu novation. Ce sont des titres conditionnels qui ne libèreront le commissionnaire que dans le cas où ils seront acquittés ; mais la preuve que ces effets représentent exactement le prix des marchandises vendues, devra être la charge du commettant, comme dans tous les cas où il y a une question d'identité à régler. Nous ne considérons pas cette opinion comme fondée. L'acceptation des valeurs signées du commissionnaire par le commettant est un paiement du prix des marchandises qui deviennent la propriété du commissionnaire. Ce paiement n'a rien de conditionnel, et le commettant abandonne tous droits à ces marchandises, et par conséquent au prix qui pourrait en être dû par un tiers acheteur ; car il semble avoir vendu direcrectement au failli lui-même. Il faudrait donner une solution semblable, si c'était le propriétaire vendeur qui avait exigé du commissionnaire lesdits effets, entendant par là laisser à ses risques le recouvrement et l'encaissement du prix encore dû par les acheteurs ; il n'est point douteux qu'il y ait là novation, et il est juste que le commettant subisse les conséquences de la situation qu'il s'est faite ; tout droit de revendication sera perdu pour lui.

Que décider dans le cas où, dans les rapports du commettant et du commissionnaire, est intervenue la stipulation de *du croire* par laquelle le commissionnaire, moyennant un certain droit, s'engage à garantir la solvabilité de l'acheteur des marchandises.

Cette clause que les commentateurs interprètent différemment dans ses effets, les uns comme un contrat d'assurance, les autres comme un cautionnement, ne peut en tous cas être considérée comme opérant une novation. Ces conventions ne peuvent avoir pour résultat de modifier en aucune façon l'exercice du droit de revendication, qui appartient au commettant dont la position se trouve seulement plus favorable.

Nous savons que le Code civil s'oppose à ce qu'aucune compensation puisse s'opérer entre la chose déposée et une somme due par le déposant au dépositaire ; c'est de l'essence même de ce contrat. Pour en faire l'application à la matière qui nous occupe, nous dirons que le commissionnaire failli ayant aliéné à tort les marchandises déposées, le déposant aura droit à la revendication du prix de ces marchandises, tant qu'il n'aura pas été payé ou réglé en valeurs, quand bien même le revendiquant serait débiteur du failli à un autre titre.

Il est évident, et nous terminerons par là ce chapitre, que dans toutes les hypothèses que nous venons d'examiner et aux divers points de vue sous lesquels nous avons envisagé la question, les droits du tiers acheteur doivent être sauvegardés. Quand le droit de revendication se heurtera à un droit préférable de l'acheteur, ou lorsqu'il sera de nature à lui nuire en quelque façon, il ne pourra être exercé à son détriment.

Si, en raison d'une compensation de plein droit, comme nous l'avons vu plus haut, soit par quelque autre motif, un intérêt de l'acheteur est lésé, le commettant perd ses droits. Celui qui a de bonne foi traité avec le commissionnaire n'a eu que ce dernier en vue; c'est en son nom propre et personnel qu'il lui a vendu les marchandises, car ce n'est que dans ses rapports avec son commettant que le commissionnaire est considéré comme un mandataire. Il faut appliquer cette doctrine que le commissionnaire, dans ses rapports avec les tiers, doit être assimilé au mandataire du droit romain qui agissait en son propre nom, tandis que dans ses rapports avec le commettant, il n'est que le mandataire du droit français, qui agit au nom du mandant et le représente.

CHAPITRE IV.

REVENDICATION DES MARCHANDISES VENDUES, EXPÉDIÉES A L'ÉPOQUE DE LA FAILLITE ET NON PAYÉES.

La troisième espèce de revendication est celle des marchandises vendues et non payées, la plus importante de toutes et qui exigera le plus de développements. L'article 576 s'énonce ainsi: « Pourront être revendiquées les marchandises expédiées au failli, tant que la tradition n'en aura pas été effectuée dans ses magasins ou dans ceux du commissionnaire chargé de les vendre pour le compte du failli. Néanmoins, la revendication ne sera pas recevable si, avant leur arrivée, les marchandises ont été vendues sans fraude sur les factures et connaissements ou lettres de voitures signés par l'expéditeur. »

A l'époque de la rédaction du Code de 1807, et en 1835, lors de la discussion de la loi nouvelle sur le Code de commerce, cette revendication souleva de vives controverses; les uns voulant écarter de notre législation le droit de revendication du vendeur non payé, les autres voulant l'y maintenir. Les principes de la vente que ce droit violait, l'égalité entre les créanciers qui, par lui, se trouvait rompue, les réclamations d'une partie des légistes, furent autant de motifs qui amenèrent le gouvernement à proposer un amendement dont les dispositions tendaient à ne permettre l'exercice du droit de revendication que dans le cas où les marchandises n'auraient été ni livrées au failli, ni expédiées, soit à lui, soit à un tiers pour son compte. Ce projet, bien que s'appuyant sur les principes du droit, fut repoussé par la Chambre des députés et la Chambre des pairs, dont M. Tripier, rapporteur, justifiait ainsi le jugement : « Le projet propose l'abrogation du droit de revendication sur les marchandises expédiées et qui ne sont pas entrées dans les magasins de l'acheteur. Cette proposition avait déjà été présentée aux rédacteurs du Code actuel, qui l'avaient rejetée comme contraire aux usages les plus anciens du commerce, à la jurisprudence universelle des Cours, aux dispositions des Coutumes et aux opinions unanimes des jurisconsultes. Après une discussion longue et approfondie, ils avaient modifié l'exercice de ce droit de revendication. Avant le Code, elle était admise, même sur les marchandises qui étaient entrées dans les magasins du failli ou de son commissionnaire ; ils ne l'ont maintenue que sur celles qui étaient en route. Cette disposition a reçu l'approbation de la Chambre des députés ; votre commission avait partagé cette opinion. Le gouvernement vous propose la suppression absolue de ce droit. N'est-il pas à craindre que cette innovation exerce une influence funeste sur les opérations commerciales ? Les fabricants qui sont dans l'usage d'expédier des marchandises d'un lieu dans un autre, sans en avoir reçu le prix, ne seraient-ils pas effrayés d'un changement qui diminuerait leurs sûretés ? La prudence leur imposerait la loi d'exiger le paiement comptant des acheteurs dont la solvabilité ne leur serait pas démontrée. Si le droit de revendication n'est pas le motif absolu et déterminant de l'expédition, il est au moins une considération puissante qui agit sur le vendeur et contribue à sa sécurité. On ne peut pas l'altérer sans porter le trouble dans ses opérations. Une réflexion a frappé tous les esprits : un débiteur, à la veille de cesser ses paiements, pourrait faire des achats qui enrichiraient sa masse aux dépens des vendeurs privés de tout recours. On répond que le Code actuel fournit aux débiteurs un moyen de prévenir la revendication par une vente de la marchandise avant son arrivée. Si l'intérêt des tiers acquéreurs a commandé une exception au principe de la revendication dans un cas particulier, ce n'est pas un motif pour abandonner complétement ce recours. La disposition proposée aurait des conséquences bien autrement graves que celles qui résultent du Code. Pour appliquer l'exception qu'il autorise, il faut une vente sérieuse, dont les parties intéressées ont le droit de discuter la réalité. Par le nouveau principe, on n'exige aucune condition; la fraude du débiteur sera assurée d'un plein succès. Sous le Code actuel, la vente ne fait obstacle à la revendication que lorsqu'elle est faite sur factures et connaissements ou lettres de voitures. Les vendeurs de la marchandise expédiée peuvent prendre des précautions pour empêcher la remise de ces pièces à leurs acheteurs et prévenir une revente abusive; ainsi, le failli n'est pas toujours le maître d'anéantir la revendication par une revente. Par le principe nouveau, toute protection est enlevée aux vendeurs; ils sont livrés à la discrétion de leurs acheteurs. Cette disposition aurait même une portée plus étendue; non seulement elle faciliterait la fraude de l'acheteur, mais elle dépouillerait le vendeur par le seul fait de l'expédition et contre la volonté de l'acheteur. Si ce dernier tombait inopinément en faillite avant d'avoir payé le prix de la marchandise expédiée, il serait privé de la faculté de la restituer à son vendeur; elle serait acquise à la masse de ses créanciers. Les partisans de cette innovation ont dit, pour la justifier, qu'elle était conforme aux principes du droit civil; que la vente, ayant transmis la propriété de la marchandise, tout est consommé, et le vendeur non payé ne peut plus exercer que les droits de créancier. Si la rigueur des principes pouvait être portée jusqu'à ce point en matière civile, conviendrait-il de l'appliquer aux matières commerciales? Elles ont leurs règles spéciales, qui reposent sur la bonne foi et sur la confiance; rien ne serait plus contraire à la bonne foi, plus propre à altérer la confiance que l'annulation de tous les droits du vendeur non payé sur la marchandise expédiée. Mais les principes généraux du droit ne s'opposent pas au maintien de la revendication; ils la consacrent même formellement par l'article 2102 du Code civil. Tous les contrats synallagmatiques sont soumis à un principe commun qui est inséparable de leur nature, celui de la résolution à défaut d'exécution; il est plus rigoureux à l'égard de la vente que pour toute autre convention. Si le vendeur consent à transmettre la propriété de la chose, c'est sous la foi de l'obligation de l'acheteur de payer le prix; ces engagements sont corrélatifs: celui du vendeur ne peut exister, si l'acheteur n'exécute pas le sien. La stipulation qui transmet la propriété n'est pas pure et absolue; elle est subordonnée à la condition que l'acheteur payera la somme convenue. Toute obligation conditionnelle est résolue de plein droit, si la condition ne se réalise pas. Ainsi, par défaut de paiement du prix, la vente cesse d'exister, ou plutôt, elle n'a jamais eu cette existence définitive; elle n'a pas été complète et n'a pas opéré une translation entière de la propriété. Si on avait donné à cette vérité tout l'effet dont elle était susceptible, on aurait maintenu l'action du vendeur tant que la marchandise aurait été en la possession de l'acheteur. Sa transmission à un tiers aurait pu seule former obstacle à l'exercice de son droit; néanmoins, pour concilier les intérêts opposés des vendeurs et des créanciers du failli, cet exercice a été interdit lorsque la marchandise est entrée dans les magasins de l'acheteur ou dans ceux de son commissionnaire. Cette restriction est la seule qui puisse être apportée aux droits du vendeur. Les partisans de l'abolition absolue invoquent le principe de l'égalité entre les créanciers du failli. Sans doute la loi de l'égalité doit régir tous ceux qui sont dans une position identique; mais lorsqu'il existe des différences essentielles dans les conventions, le sort des contractants doit être différent. Chaque contrat a sa nature particulière et doit produire les effets qui lui sont propres; une règle uniforme qui méconnaîtrait ces caractères distinctifs serait le renversement des conventions. Ainsi, un prêt fait à un failli constitue une créance soumise aux chances de la faillite, parce que ces deniers confondus dans le patrimoine du débiteur lui sont acquis irrévocablement. Le même principe est applicable à la vente d'une marchandise qui est entrée dans les magasins de l'acheteur, quoique l'opération soit différente, mais la vente d'une marchandise non livrée n'a opéré aucune confusion avec la fortune du failli; le vendeur avait une créance éventuelle qui s'évanouit par la revendication, il ne peut être assimilé à un prêteur et rangé dans la même classe. On a annoncé que le droit de revendication avait cessé d'exister chez la plupart des peuples commerçants. Cette circonstance, si elle était prouvée, ne serait pas une raison absolue de décision, malgré le désir d'introduire dans le commerce un droit uniforme ; il faut reconnaître que chaque peuple a ses usages qu'il est bon de respecter. Mais ce fait est-il bien vérifié? Lors de la discussion qui a préparé le Code, l'argument contraire a été présenté en faveur de la revendication et n'a pas été contredit. M. de Ségur, rapporteur, disait qu'il était convenable de se mettre en harmonie avec le droit des nations de l'Europe, et que chez toutes, la revendication était admise, M. Begouen ajoutait : La section a été plus sévère que toutes les nations commerçantes de l'Europe chez lesquelles la revendication s'exerce sur les marchandises trouvées chez le failli sans avoir été dénaturées. Ces assertions n'ont pas été contredites. Le droit du vendeur, tel qu'il est limité par le Code, mérite d'autant plus de respect qu'il ne peut jamais s'exercer sur les marchandises qui ont pu motiver la confiance des créanciers et sur la foi desquelles ils lui ont fait des avances. » Nous n'avons pas craint de reproduire en son entier cette remarquable discussion qui, mieux que nous n'aurions pu le faire, explique avec clarté les motifs qui ont inspiré et guidé les législateurs.

Devant la persistance des Chambres, le gouvernement modifia son projet, et l'art. 576 fut voté.

Rappelons-nous, avant d'entrer dans l'explication des détails de notre matière, qu'en cas de vente d'effets mobiliers, le Code civil accorde au vendeur non payé quatre avantages : 1° un privilége dont l'exercice est réglé par l'art. 2102; 2° un droit de revendication dont nous avons fait mention dans notre première partie ; 3° un droit de résolution (art. 1654); 4° et enfin un droit de rétention que lui octroient formellement les art. 1612 et 1613 (C. civ.). Voici le droit tel qu'il existe en matière civile, et le même art. 2102 prend soin *in fine* de nous dire qu'il n'est rien innové aux lois et usages du commerce sur la revendication. Or, aux termes de l'art. 550, C. de commerce, le privilége et le droit de revendication établis par l'art. 2102 ne sont pas admis en cas de faillite. Qu'est-ce à dire?

L'art. 550 prévoit l'hypothèse où les marchandises vendues et non payées ont été livrées et sont en la possession du failli à l'époque du jugement déclaratif de la faillite. Dans ce cas, en effet, aucune revendication n'est possible. Car la livraison réelle a eu lieu, les objets vendus sont à la disposition effective de l'acheteur failli. L'art. 576, au contraire, a en vue le cas où la marchandise n'est pas encore livrée à l'acheteur, au moment où intervient le jugement déclaratif, mais n'est pas non plus chez le vendeur; en un mot, elle est en route. L'acheteur n'a pas encore la possession effective, mais le vendeur en est lui-même privé. Telle est l'hypothèse prévue par notre article. Ici la revendication est possible; et contrairement à ce que nous avons décidé en droit civil, lorsqu'il s'est agi d'expliquer la nature de l'action en revendication de l'art. 2102, nous sommes forcés de reconnaître que l'action de revendication telle que l'ont en vue les articles 550 et 576, Code de commerce, n'est qu'une véritable action en résolution. Ce qui prouve que le contrat de vente est résolu, c'est que la loi enjoint au vendeur de rembourser à la masse des créanciers les à-comptes qu'il a reçus. C'est aussi ce qui ressort des termes du rapport que nous avons précédemment cité.

Enfin une troisième hypothèse est prévue par les articles 577 et 578, Code de commerce. Il s'agit du cas où, toujours à l'époque du jugement déclaratif, les choses vendues se trouvent encore chez le vendeur; ce dernier jouit alors d'un droit de rétention qui le garantit de tout risque. La vente n'est point résolue et rien n'empêche les syndics de la tenir pour bonne et valable, au cas où elle leur serait avantageuse, mais sous la condition de payer le prix de suite. Alors seulement le vendeur est tenu de se dessaisir des marchandises. Nous croyons même que dans le cas où les syndics refuseraient de mettre le contrat à exécution, il serait, lui vendeur, fondé à demander la résolution et à réclamer des dommages et intérêts selon le droit commun ; l'état de faillite ne saurait changer dans l'espèce la nature du contrat passé, ni en modifier les conséquences : nous ne sommes plus dans l'hypothèse prévue par l'art. 550; les marchandises ne sont pas livrées à l'acheteur et il n'y a aucune raison pour étendre à notre hypothèse les dispositions toutes de rigueur de ce dernier article. Mais si le vendeur, suivant la foi des syndics, consentait à se dessaisir de la possession du meuble avant d'en recevoir le prix, il n'aurait point le privilége du vendeur, parce que ce privilége est aboli en cas de faillite, et que la marchandise en question a été livrée aux syndics en exécution de l'ancien contrat de vente passé avec le failli lui-même.

Abordons l'explication de l'art. 576, maintenant qu'il est constant que dans le cas de faillite de l'acheteur, la revendication est limitée aux cas spécialement prévus et sous les conditions exigées par la loi. Voyons tout d'abord à qui appartient l'action en revendication; notre article ne s'occupe pas de ceux à qui revient le droit de l'intenter, mais il est évident qu'elle doit appartenir, sous les mêmes conditions, à tous ceux qui, par des circonstances quelconques, seraient substitués au vendeur. Nous pouvons citer l'héritier, le cessionnaire, les créanciers du vendeur failli, tous ceux, en un mot, qui sont ses représentants ou ayants-cause. Nous admettrons même que le commissionnaire qui, par ordre de son commettant, ensuite failli, lui a fait des avances, ou a payé pour son compte des marchandises, peut, en raison des principes de la subrogation tels qu'ils sont écrits dans l'art. 1251, exercer la revendication du chef de son commettant. C'est de lui qu'il tient l'action en revendication. De ce principe de subrogation il résulte qu'un second commissionnaire qui aurait, par ordre de l'acheteur, désintéressé le premier, pourrait être également subrogé et exercer l'action de revendication. Il faudrait aussi donner une solution affirmative sur la question de savoir si un associé en participation peut, dans la faillite de son co-participant, revendiquer les marchandises de la participation. En effet, bien que le Code ne l'ait dit expressément nulle part, il est certain qu'en général il n'y a pas dans une société en participation le caractère d'un être moral auquel appartienne l'actif social. Chacun des associés reste propriétaire de l'apport qu'il fait à la société ; cette dernière n'a en vue que les profits ou les pertes qui peuvent exister à la fin des opérations ou à l'expiration du temps pour lequel elle est constituée. Si, à ce moment, l'association est en perte et que le co-participant ait un recours contre le failli, il ne pourra l'exercer en une autre qualité qu'en celle de créancier de la faillite, sans qu'il y ait à son égard aucune cause de préférence. Mais jusque-là, c'est au co-participant qui a acheté et expédié les marchandises à son associé pour les faire vendre, que reste la propriété. Si donc il arrive que ce dernier tombe en faillite, l'action en revendication sur les marchandises encore existantes entre les mains du commissionnaire, ou même sur le prix, s'il est encore dû, pourra être exercée par l'expéditeur, sauf à rendre compte à la faillite après la vente des marchandises.

Remarquons que le droit de revendication s'applique non seulement aux choses vendues qui faisaient l'objet du commerce du failli, mais encore aux objets achetés par un commerçant pour son utilité particulière et personnelle, sans intention de les revendre. De même il importe peu que le vendeur soit ou non commerçant ; ainsi un propriétaire qui aurait vendu sa récolte en vin ou en blé à un commerçant qui serait plus tard tombé en faillite, pourrait revendiquer, pourvu, bien entendu, qu'il se trouve dans les cas que prévoit l'art. 576. Mais en dehors de ces hypothèses et en matière de faillite, les règles du droit civil ne sont pas applicables, comme nous l'apprend l'article 550. Car les restrictions apportées au droit commun ne l'ont pas été à l'égard des personnes, mais bien, en vue de l'opération, des abus et des fraudes auxquels elle pourrait donner lieu. Nous déciderons, comme nous l'avons fait lorsqu'il s'est agi de la revendication des effets de commerce, que le moment à partir duquel cette action en revendication peut être admise et valablement introduite est celui de la cessation des paiements, et qu'il n'est pas besoin d'attendre que la faillite soit déclarée. Mais de simples présomptions de faillite, un simple défaut de paiement, sans qu'il en résulte d'autres dérangements d'affaires ne suffiraient pas. Enfin, si l'acheteur était déjà en faillite au moment de la vente et que le vendeur n'en ait point eu connaissance, la revendication sera possible, ce qui ne peut faire l'objet d'aucun doute, car le failli n'aurait pas même pu valablement prendre possession des marchandises vendues.

Le droit de revendication est subordonné à l'existence de cinq conditions ; il faut : 1° Qu'il y ait eu vente et livraison ; 2° Que le prix soit encore dû ; 3° Que les marchandises ne soient pas encore dans les magasins du failli ou dans ceux de quelqu'un qui le représente ; 4° Que le revendiquant prouve l'identité de la marchandise réclamée ; 5° Que, bien qu'en route, elle n'ait pas été revendue sur facture et connaissement ou lettre de voiture signée par l'expéditeur ;

1° Il faut la vente et la livraison. Que faut-il

entendre par livraison ? Il ne s'agit pas de la tradition feinte qui ne déposséderait pas le vendeur ; car alors même, bien que la vente, d'après les règles ordinaires, soit parfaite par le seul consentement, le vendeur serait fondé à garder la chose en son pouvoir, si son acheteur tombait en faillite.

Il ne s'agit que du transport de la chose en la possession réelle de l'acheteur, ou de celui qui est chargé de la recevoir pour lui, en un mot, de la tradition effective, bien que la marchandise comptée, pesée, mesurée ou dégustée soit aux risques de l'acheteur dès l'instant du mesurage ou du pesage, si elle n'a pas quitté les magasins du vendeur, celui-ci, dans le cas d'une faillite serait recevable à s'opposer à leur enlèvement, même en admettant qu'il ait pris l'engagement d'effectuer cette tradition : le vendeur peut refuser de s'en dessaisir à moins d'un payement immédiat et cela sans qu'il y ait à distinguer s'il a vendu à terme ou sans terme. Car nous savons que toutes les dettes passives non échues sont rendues exigibles par la faillite et à l'égard du failli.

Cependant une tradition réelle, dans le sens rigoureux du mot n'est pas indispensable, il suffit que d'une façon quelconque le failli ait la marchandise en sa possession. Ainsi serait valable la tradition feinte de l'article 1606 C. civil aux termes duquel la livraison peut se faire par la remise des clefs des bâtiments ou les marchandises auront été déposées : la revendication ne peut pas être admise parce que l'acheteur est saisi. Pour nous résumer, nous dirons que la mise en possession est seule à considérer pour savoir s'il y a lieu d'exercer ou non la revendication.

Supposons enfin qu'il y ait eu perte de la chose arrivée dans les magasins du vendeur, sans qu'il soit en demeure de livrer. Sera-t-il en droit d'invoquer en sa faveur la validité de la vente parfaite lorsqu'au consentement est venu se joindre une tradition feinte ou conventionnelle ? Nous le pensons et la perte serait alors pour la masse des créanciers, si la perte avait été éprouvée avant la faillite. Mais notre décision serait différente, si cette perte lui était postérieure, car ce serait vainement qu'il pourrait se fonder sur la perfection du contrat qu'il aurait eu le droit de violer et sur la délivrance conventionnelle dont il pouvait ne tenir aucun compte.

2° Comme seconde condition, il faut que le prix ne soit pas payé, seul, le vendeur non payé peut revendiquer ; seul, en effet, il à intérêt à le faire. Il n'y a pas d'avantage à distinger s'il a ou n'a pas accordé de terme. Mais quand y aura-t-il paiement ? Cette question peut soulever certaines difficultés, surtout quand le prix, au lieu d'avoir été compté en numéraire, aura été réglé en valeurs, telles que billets, effets commerciaux, délégations, ainsi que cela se pratique fréquemment dans le commerce ; il y aura là une question d'appréciation pour les tribunaux, qui auront du reste un seul point à élucider, à savoir, s'il y a eu novation et s'il est entré dans l'intention des parties de changer la nature de la dette. Y a-t-il eu novation, il est évident que tout droit de revendication cessera car il y aura eu paiement réel et valable. Dans le cas contraire il faudra voir seulement de la part de l'acheteur une reconnaissance de la dette indiquant l'époque à laquelle elle sera payée plutôt qu'une obligation nouvelle substituée à une autre, à moins que d'autres circonstances ne démontrent qu'il est intervenu une véritable novation. Or, on ne devrait pas voir de novation dans le cas où le prix aurait été réglé en effets souscrits par l'acheteur, on ne devrait pas même la présumer au cas où la lettre de change aurait été acceptée par ceux sur lesquels elle aurait été tirée, car l'acceptation ne constitue pour le vendeur qu'une garantie nouvelle sans rien changer à l'obligation principale. La cour de cassation a jugé de même (*Cassation 6 novembre* 1823). « Qu'il n'y a pas novation, ni par suite obstacle à la revendication de la part du vendeur, qui a reçu en paiement de marchandises, un mandat qui ne se trouve ni échu ni accepté au moment de faillite de l'acheteur. » Nous serions plus portés à reconnaître une novation dans le cas ou la dette aurait été acquittée par l'acheteur au moyen d'endossements au profit du vendeur sur des effets quelconques et sans aucunes réserves de la part de ce dernier, ou si la dette était passée sans fraude en compte courant.

S'il y a eu un paiement partiel, la question ne peut plus faire de doute, contrairement à ce qui se passait sous la législation du code de 1807, car nous savons maintenant que dans le cas d'à-compte reçus, ou ce qui revient au même, de paiement partiel, l'article 576 veut que le revendiquant, pour être admis à exercer son action, rapporte à la masse tout ce qu'il a reçu. Mais la loi ne permet pas de revendication partielle; et on ne peut l'exercer jusqu'à concurrence seulement de la portion du prix non encore payé; ce qui n'est qu'une conséquence des principes sur lesquels cette action est fondée. On sait en effet que ce n'est autre chose qu'un droit de résolution dont l'indivisibilité est évidente.

3° Troisième condition. Il faut que la tradition des choses vendues n'ait point été effectuée dans les magasins du failli; il faut, en un mot, qu'elles soient en route, c'est à ce seul cas que la revendication est restreinte. L'admettre alors qu'elles sont entrées dans les magasins du failli, qu'elles sont devenues pour lui un élément de crédit, que les créanciers ont pu compter sur elles comme sur leur gage, que d'un autre côté le vendeur n'a pas pu espérer les recouvrer en sa possession, serait une profonde injustice et un non sens. Ce n'est que restreinte de cette façon qu'elle a pu passer dans la loi et que ses adversaires ont consenti à l'autoriser. Il n'y a aucune distinction à faire. Du moment où elles sont entrées dans les magasins du failli, tout droit cesse, alors mêmes qu'elles seraient encore faciles à distinguer, reconnaissables et qu'une place spéciale leur aurait été affectée.

Il faut nous demander maintenant ce qu'on entend par cette expression; « les magasins du failli; » les circonstances seront la règle la plus sûre, car on ne doit pas prendre le mot dans une acception trop étroite; les juges auront à voir, dans chaque espèce, s'il y a eu livraison suffisante pour mettre la chose à la disposition de l'acheteur. Tout emplacement quelconque où l'acheteur peut faire sur la chose achetée acte de propriétaire doit être considéré comme son magasin: tel est le principe. Il est d'ailleurs des marchandises tellement encombrantes, qu'on n'est pas dans l'usage de les emmagasiner; il arrive même qu'elles sont vendues et achetées sur place, ou du moins qu'elles sont transportées par l'acheteur dans des terrains vagues ou dans des lieux publics. On doit, dans tous ces cas, nous le répétons, assimiler aux magasins de l'acheteur les endroits où la marchandise vendue est à sa pleine et entière disposition. Les tribunaux ont toujours jugé que l'emplacement ou le parterre d'une coupe de bois se trouvait le véritable magasin ou chantier de l'acheteur et que par conséquent il n'y avait plus lieu à revendication, aussitôt que les bois avaient été débités et façonnés; car dans l'espèce la marchandise est de nature à rester et à être revendue sur place. Mais toutefois la revendication demeurerait possible pour les arbres non encore abattus par le marchand qui les exploite; car c'est dans ce fait de l'abattage que consiste la prise de possession. Rien du reste ne s'oppose à ce qu'une clause contraire insérée dans l'acte de vente, renverse ce qui n'est au fond qu'une présomption fondée sur l'intention probable des parties. Une stipulation qui consisterait à obliger l'acheteur à transporter dans ses magasins les bois provenant de la coupe, et à ne pas considérer l'abattage des bois comme constituant pour lui une prise de possession suffisante serait très-légale. C'est ce qu'ont décidé différents arrêts. (*Caen* 3 *janvier* 1849, *Paris* 2 *décembre* 1808). Nous pourrions rechercher d'autres espèces, mais cela sans intérêt, car les faits seuls seront à consulter pour le besoin de la cause, et les juges décideront dans leur sagesse, suivant qu'il y aura eu ou non prise de possession par l'acheteur. Il est impossible de tracer des règles absolues.

Un cas assez délicat peut se présenter. Supposons en effet que les marchandises soient demeurées dans les magasins du vendeur qui en a livré ou prêté l'usage à l'acheteur failli. Bien que notre opinion puisse paraître un peu hardie, nous n'hésitons pas à dire qu'il y a eu en réalité prise de possession et que ces magasins sont bien ceux de l'acheteur; nous refuserons donc le droit d'exercer l'action en revendication.

On a admis, et avec raison, selon nous, que le navire sur lequel des marchandises ont été chargées par le vendeur ne doit être regardé que comme un simple moyen pour les faire arriver à destination; alors même qu'elles voyageraient aux frais de l'acheteur, car le seul but de celui-ci est de les faire parvenir dans le lieu de son commerce, là où il devra les emmagasiner et en prendre possession. Mais il en serait autrement toutefois si le navire sur lequel a eu lieu le chargement des marchandises appartenait à l'acheteur et lui tenait lieu de magasin. La livraison aurait alors produit tous ses effets.

On ne doit pas enfin considérer comme un emmagasinage réel le fait d'avoir déposé les marchandises dans un entrepôt public, où le dépôt aurait pour objet des déclarations, vérifications, ou acquittement de certains droits de douane ou autres; il en serait de même des gares d'un chemin de fer; il n'y a pas là de délivrance matérielle : la tradition n'est pas encore réalisée; les marchandises sont toujours en route. A moins, bien entendu, que ce soit l'acheteur lui-même qui les ait placées dans l'entrepôt pour son compte et pour être mises à sa disposition, comme il a été jugé par un *arrêt de Cassation du* 31 *jan-*

vier 1826. En un mot, si, dans l'usage il se trouve que les emplacements publics sont de simples lieux de dépôt ou d'embarcation, le droit du vendeur ne peut trouver d'empêchement. Si au contraire ce sont des lieux de vente comme les marchés publics, de telle sorte que l'acheteur les ait à sa disposition, cet endroit doit être considéré comme formant le magasin de l'acheteur; la livraison est immédiate.

Il importerait peu, en outre, que les marchandises aient été momentanément déposées dans les magasins d'un commissionnaire de l'acheteur, sans mandat de celui-ci pour les vendre, mais seulement à la charge de les conserver ou de les expédier dans un temps donné, ses magasins ne sont que des entrepôts ordinaires; aucune délivrance n'a encore été faite à l'acheteur, et on ne pas dire qu'il ait la libre disposition des magasins de ce tiers. Mais on comprend facilement qu'une solution tout autre devrait être donnée dans le cas ou le commissionnaire aurait été chargé par l'acheteur de vendre les marchandises car alors sa personnalité se confond avec celle du failli : il ne fait qu'un avec son mandant. Il faut donc pour que le droit de revendication soit éteint que la tradition en ait été effectuée dans les magasins d'un commissionnaire que le failli aurait préposé à la revente.

Supposons que l'acheteur, au lieu de vendre les marchandises qui ne sont pas encore arrivées dans ses magasins les ait données en gage à un de ses créanciers, si elles sont entrées dans les magasins de ce dernier, le vendeur ne pourra pas les revendiquer : les magasins du créancier sont ceux de l'acheteur, puisque les marchandises y sont pour son compte. Et il importerait peu pour le vendeur que l'acte par lequel le failli aurait constitué ce gage, fut plus tard déclaré nul comme ayant été fait à une époque où les contrats passés par le failli sont frappés de nullité ; les prescriptions de l'art. 446 qui annulent ses actes, ne sont édictées que dans l'intérêt des créanciers de la faillite, dans leur intérêt seul : le vendeur ne saurait en aucune façon s'en prévaloir *(Aix 17 janvier* 1866). Il suffit qu'à un moment donné, l'acheteur ait eu en sa possession les marchandises vendues pour que le vendeur soit non recevable à intenter l'action de revendication. Ce qui nous amène à constater qu'il serait sans importance que les marchandises n'aient fait dans les magasins du failli qu'un séjour de courte durée.

Il peut arriver que les marchandises vendues et livrées ne soient entrées dans les magasins du failli ou dans ceux de son commissionnaire chargé de les vendre qu'à une époque postérieure au jugement déclaratif de la faillite. Que se passera-t-il ? La loi est muette sur ce point, et à défaut de textes c'est de son esprit que nous devons nous inspirer : nous dirons donc que la revendication sera possible. Car ce n'est que la prise de possession, conséquence de l'entrée dans les magasins du failli, qui fait obstacle à la revendication; or dans l'espèce, la prise de possession ne peut plus avoir lieu, puisque nous savons que le jugement déclaratif dessaisit le failli de l'administration de ses biens. La confusion avec les biens du failli n'est plus à craindre, et il n'y a plus à redouter que les créanciers soient trompés par une apparence de fortune plus grande qu'en réalité. Le droit du vendeur pourrait de même s'exercer sur le prix au cas où les syndics auraient vendu les marchandises. Faut-il résoudre affirmativement la question, dans le cas où les marchandises seraient entrées dans les magasins du failli avant le jugement déclaratif, mais après la cessation des paiements. Nous ne le pensons pas, et la revendication n'est pas admissible ; car c'est le jugement seul qui a pour effet de dessaisir le failli et de le rendre incapable d'une prise de possession, jusque-là aucun résultat de ce genre ne peut se produire; de plus au moment de la cessation des paiements, les tiers ne sont pas encore prévenus, et ce que la loi veut éviter serait encore à craindre, à savoir que les créanciers considèrent à tort comme leur gage des marchandises qui vont pouvoir être revendiquées par le vendeur.

4° Il faut, quatrième condition, que les marchandises soient identiques avec celles qui ont été vendues ; cependant certains auteurs, se fondant sur ce que la loi nouvelle n'a pas reproduit l'ancien article 580 qui exigeait la preuve de l'identité, ont prétendu qu'elle était inutile sous l'empire du code actuel ; nous repoussons cette opinion.

Si on n'a pas reproduit dans la loi de 1838 l'article que nous venons de citer, c'est que cet article limitait en quelque sorte les moyens par lesquels cette identité devait être prouvée et les signes auxquels on devait la reconnaître. Elle a entendu laisser aux tribunaux un pouvoir d'appréciation plus large, selon les circonstances et les faits, voilà tout ce qu'il est permis de raisonnablement conclure de la suppression de cet article dont les termes s'énonçaient ainsi : « La revendication ne pourra être exercée que sur les marchandises qui seront reconnues être identiquement les mêmes, et que lorsqu'il sera reconnu que les balles, barriques ou enveloppes dans lesquelles elles se trouvaient lors de la vente n'ont pas été ouvertes, que les cordes ou marques n'ont été ni enlevées ni changées, et que les marchandises n'ont subi en nature et quantité ni changement ni altération. » — Ce qui revient à dire qu'aujourd'hui ces conditions ne sont plus indispensables.

La revendication sera possible, alors même que les marchandises ne seraient plus dans l'état prévu par l'article précédent, pourvu qu'elles aient conservé leur caractère propre et individuel.

Mais il faut distinguer avec soin l'altération naturelle de celle qui résulte de la fraude du possesseur. La première n'enlève pas le caractère d'identité aux objets qu'elle déprécie ; ainsi la fermentation des liquides, des grains ne ferait pas obstacle à la revendication, la seconde au contraire est susceptible de les transformer de telle sorte qu'il soit impossible de les reconnaître. Toutefois, il convient de ne pas confondre l'état nouveau produit par la transformation avec un simple mélange. Tel serait le cas où le commissionnaire aurait mélangé des blés de diverses provenances. Si en raison de la forme ou de la couleur les grains de blé sont facilement reconnaissables, le commettant a le droit de les revendiquer, quelque difficile que puisse être la séparation. La théorie romaine qui (*par.* 28 *des Inst. de divisione rerum* et Ulpien *loi* 5, *pr. D. de rei vindicatione*) accordait au propriétaire la revendication, est encore applicable dans notre droit, mais comme de nos jours la restitution en fait ne pourra pas s'exécuter plus commodément que du temps d'Ulpien nous conclurons comme lui que le juge devra résoudre cette question par une condamnation à des dommages-intérêts : *arbitrio autem judicis continetur ut ipse æstimet quale cujusque frumentum fuerit.*

La cour de Cassation (*Arrêt du* 11 *novembre* 1812.) a décidé en ce sens, que lorsque des choses appartenant à divers propriétaires se sont mêlés fortuitement ensemble de manière à ne pouvoir être séparées que par un partage, la part qui revient à chacun d'eux est réputée la même chose que celle qu'il avait auparavant ; qu'en conséquence si elles avaient été confiées à un commissionnaire tombé en faillite, le propriétaire pourrait revendiquer la part qui lui échoierait dans le partage, sans qu'on fût fondé à lui opposer le défaut d'identité. Nous n'avons pas besoin d'ajouter que si les changements de forme ont été prévus par la convention, la revendication ne peut en subir aucune atteinte, à moins, bien entendu que ce changement soit tel qu'il empêche la constatation de l'identité, comme du blé, par exemple, converti en farine, ou du bois en charbon, etc. On pense généralement aussi qu'il faut que les marchandises n'aient pas éprouvé de changement dans leur quantité, toujours avec cette réserve que la cause de cette diminution ne soit pas une force majeure justifiée ou un fait étranger à l'acheteur. Mais si l'on peut voir dans le changement de quantité, un signe ou un indice de non identité, il ne faut pas oublier que les juges ont là un pouvoir souverain d'appréciation dont ils doivent user suivant les circonstances.

Les marchandises ont été vendues; elles sont en route à destination de l'acheteur, mais il arrive qu'une partie d'entr'elles vient à périr pendant le voyage. Le vendeur aura deux partis à prendre : ou bien il pourra revendiquer ce qui restera des marchandises expédiées, mais sans pouvoir se faire tenir compte par la masse de la faillite de la perte qu'il vient d'éprouver, ou bien il peu tenir la vente pour bonne et valable, et il viendra comme tout autre créancier pour le prix qui lui est dû : la perte dans ce cas sera supportée par la masse des créanciers.

De la nécessité de l'identité il découle naturellement que le vendeur qui aurait eu droit de revendiquer des marchandises en route n'aura pas le même pouvoir à l'égard du prix d'assurance de ces marchandises qui auraient péri pendant le trajet, le produit de ces assurances prises pour compte du failli n'appartiendra pas au revendiquant, mais figurera à l'actif de la faillite au profit des créanciers.

L'article 576 est ainsi conçu dans son dernier paragraphe : « Le revendiquant est tenu de rembourser à la masse les à-comptes par lui reçus, ainsi que toutes avances faites pour fret et voiture, commission assurances ou autres frais, et de payer les sommes qui seraient dues pour mêmes causes. » Il faut donc que la faillite soit rendue indemne de tous frais ou avances faites par elle et qu'on lui rembourse, selon les principes du droit commun toutes les dépenses faites pour la conservation de la chose. Cette disposition qui au premier abord paraît injuste, se justifie en ce sens que la mesure dont le vendeur est l'objet ne fût arrachée qu'à grand peine, comme on s'en souvient à nos législateurs. La revendication fut maintenue moins comme un droit attaché à la qualité du vendeur, moins comme une des prérogatives de cette qualité, que comme une sorte de faveur qu'on lui faisait, faveur telle qu'il leur parut logique qu'on lui fit supporter en échange quelques-unes des charges ci-dessus, en conséquence de la position exceptionnelle qui lui était faite. C'est une concession faite aux adversaires de la revendication, et comme une transaction entre les deux systèmes qui se partageaient l'opinion. Du reste, le vendeur n'est-il pas un peu en faute? Ne doit-il pas s'imputer d'avoir traité trop légèrement avec le failli et d'avoir mal placé sa confiance, en lui livrant ses marchandises sans exiger un paiement immédiat? Il est vrai que de son côté l'acheteur s'est mis par son fait dans l'impossibilité de tenir ses engagements, et a amené ainsi l'annulation du contrat. Aussi avait-on admis dans l'ancien droit que c'était sur lui que devait tomber la perte de tout ce qu'avait coûté la marchandise dans sa livraison et son transport, et le vendeur n'en souffrait pas. Ajoutons que si le vendeur a reçu des paiements partiels, il devra au préalable les restituer, sans pouvoir les compenser avec les frais et avances qui ont été faits, ou, si le prix lui a été réglé en effets non acquittés et qu'il les ait négociés, donner caution à la masse de la garantie de toute poursuite à leur occasion.

5° Enfin, cinquième et dernière condition, il est indispensable que les marchandises encore en route, n'aient pas été revendues sur factures et connaissements ou lettres de voitures, signées par l'expéditeur ; car les droits des tiers de bonne foi sont respectables et doivent se trouver à l'abri de toute revendication. C'est pourquoi la loi exige qu'il n'y ait pas eu revente sur facture et connaissement ou lettre de voiture. La facture sert à établir les rapports entre le vendeur et l'acheteur primitif, et lorsque ce dernier revend les marchandises, elle est l'équivalent d'une prise de possession réelle, qui n'a pas eu la possibilité de se traduire autrement ; elle constate le droit de l'acheteur à la propriété des marchandises. Aucune forme particulière n'est prescrite pour elle dans la loi. Le connaissement ou la lettre de voiture est le titre qui oblige le capitaine du navire ou le voiturier à remettre les marchandises à celui qui en est le porteur. Le premier, en d'autres termes, est l'acte portant reconnaissance de la part du capitaine d'un navire de marchandises chargées sur ce navire, et engagement de les remettre en un lieu indiqué et à une personne désignée ; la lettre de voiture consiste dans l'acte qui règle les conditions d'un transport d'effets ou marchandises entre l'expéditeur et l'entrepreneur de transports ou voiturier. Sur le vu des factures et connaissements les tiers ont du penser que le vendeur était dessaisi et l'acheteur définitivement propriétaire. Mais la loi exige la réunion de la facture et du connaissement ou lettre de voiture, la facture seule ne suffirait pas pour autoriser l'acheteur à revendre, pas plus que la vente sur connaissement seule n'aurait pour effet de mettre obstacle à la revendication ; les deux pièces se complètent l'une par l'autre. La facture atteste que le vendeur a cédé ses droits, et la lettre de voiture donne titre pour exiger la remise des objets vendus. L'art. 576, exige en plus, innovation importante, que le connaissement ou la lettre de voiture soient signés par l'expéditeur. C'est sur un amendement de M. Meynard, député, que cette addition fut faite. La nécessité de la signature constate d'une manière plus efficace l'intention du vendeur de se dessaisir de la marchandise vendue ; on échappe ainsi à la fraude qu'un connaissement, dressé à son insu, pourrait amener. Il s'ensuit que toutes fois que le vendeur n'aura pas signé le connaissement ou la lettre de voiture; il sera malgré la reventerecevable à revendiquer. Mais faut-il interpréter à la lettre le texte de l'article, et ne pourrait-on pas dire que le défaut de signature sur le connaissement pourrait être couvert par une lettre explicite du vendeur dûment signée par lui. Nous serions portés à le croire, en nous inspirant plutôt des intentions du législateur, que des termes qu'il a employés, car tout ce que la loi veut, c'est que le vendeur soit bien averti de l'acte qu'il fait et des conséquences qui s'ensuivront. Ce but nous semble atteint dans l'espèce prévue, ce qui nous amène dans ce cas à refuser l'action de revendication.

Le second acheteur qui traite avec le failli doit s'assurer sous sa responsabilité que les deux titres, la facture et le connaissement, sont bien entre ses mains. La jurisprudence a toujours admis que rien ne pouvait remplacer un connaissement ou une lettre de voiture, et que l'énumération est limitative; il s'ensuit qu'on ne saurait leur assimiler les lettres au moyen desquelles les compagnies de chemins de fer annoncent l'arrivée en gare des marchandises.

Nous savons par l'article 281 du Code de commerce qui traite du connaissement et de la lettre de voiture, que le connaissement peut être à ordre, ou au porteur, ou nominatif, mais bien que cette distinction n'ait aucune influence sur notre matière, nous pouvons nous demander si l'endossement mis sur la lettre de voiture doit nécessairement faire mention de la valeur fournie. Tel n'est pas notre avis, cette formalité n'étant exigée que pour l'exercice du privilége du créancier gagiste tel qu'il est réglé par l'article 92 Code de commerce.

Il est évident que la revente ne saurait nullement arrêter la revendication dans le cas où elle serait le résultat d'un concert frauduleux. C'est pour ce motif que la cour de cassation (*Cassation 5 novembre* 1865) a décidé : « Que la revendication des marchandises expédiées au failli, mais non encore arrivées dans ses magasins, est admise, nonobstant la vente que ce failli en a faite même sur factures et connaissements, si cette vente a été déclarée non sérieuse, en ce que, par exemple, les marchandises ont été vendues avec bénéfice, alors qu'elles étaient en baisse, et à un tiers qui en a soldé le montant avec un billet sur un créancier du vendeur, dont il a été reconnu n'être que le prête-nom. » Du reste, c'est par l'examen seul des faits que l'on pourra apprécier la mauvaise foi du second acheteur ; car il est essentiel de prouver chez ce dernier l'intention frauduleuse ; la fraude constatée chez le premier vendeur failli ne suffirait pas à autoriser le vendeur à exercer son action à l'encontre d'un tiers de bonne foi. Ces preuves sont à la charge du revendiquant. Il est évident que si la seconde vente avait été faite du consentement du vendeur lui-même ou du moins à sa connaissance, il serait non recevable à protester contre une opération qu'il a rectifiée à l'avance, ce qui n'est qu'une application du droit commun. Bien que notre article 576 ne parle que d'une revente faite sans fraude, sur facture et connaissement, néanmoins nous pensons qu'il faudrait appliquer à l'échange tout ce que nous avons dit de la revente. L'identité de situation impose la même décision, et nous pensons que c'est rentrer dans les vues du législateur, qui a voulu empêcher toute aliénation faite frauduleusement, de quelque nom que les parties veuillent la couvrir. Une dernière question : supposons que le vendeur se trouve en présence d'un privilége que l'administration des douanes prétend avoir sur la chose revendiquée. Sera-t-il en droit de s'opposer à son exercice ? La loi du 22 août 1791 (art. 22, titre 13) accorde expressément *à la régie un privilége et préférence à tous créanciers sur les meubles et effets mobiliers des comptables pour leurs délits et sur ceux des redevables pour les droits, à l'exception des frais de justice et autres privilégiés, de ce qui sera dû pour six mois de loyer seulement et sauf aussi la revendication dûment formée par les propriétaires des marchandises en nature qui seront encore sous balle et sous corde.* Il semblerait qu'après la lecture de ce texte, l'administration des douanes n'ait rien à prétendre, cependant on a soutenu, qu'elle devait passer avant le revendiquant, en se fondant sur un autre article de la loi du 4 germinal, an II (article 4, titre 6) : *En matière de douanes,* dit cet article, *le trésor sera préféré à tous créanciers pour droits, confiscations et amendes.* En outre, ils opposent à la revendication de l'article 576, en cas de faillite de l'acheteur, la revendication spéciale admise par l'art. 2102 au profit du vendeur d'effets mobiliers : ce serait cette dernière sorte de revendication que viserait seule l'article 22 de la loi de 1791. Il est difficile à notre sens de justifier une telle distinction, et il résulte de plus des termes employés par le législateur que c'est bien la revendication commerciale dont il s'agissait, *marchandises en nature sous balle et sous corde.*

Quant à la loi du 4 germinal an II qui est leur argument principal, en quoi est-il conforme à ce système ? Il est vrai qu'il donne la préférence à l'administration des douanes, mais seulement sur les créanciers ; c'est-à-dire en tant que les tiers invoquent un droit de créance sur la chose objet du privilége de la douane. Mais on ne saurait, sans forcer les termes du texte, y voir la consécration du droit de la régie à l'encontre du revendiquant.

Enfin il résulte de cette même loi de 1791 (*art.* 5, *Tit.* XII) que les objets confiés par l'administration des douanes sont les seuls qui ne peuvent être revendiqués par les propriétaires, ce qui nous amène à penser que le droit de revendication subsiste dans toutes les autres hypothèses. Deux arrêts de la Cour de cassation ont consacré la doctrine que nous soutenons. (*Cass.*, 12 *février* 1845; 8 *août* 1866.)

Il nous reste à parler des art. 577, 578, 579 qui terminent notre chapitre et établissent des règles communes aux divers cas de revendication que nous venons de parcourir. L'art. 577 est ainsi conçu : « Pourront être retenues par le vendeur les marchandises par lui vendues qui ne seront pas délivrées au failli ou qui n'auront pas encore été expédiées, soit à lui, soit à un tiers pour son compte. » Le vendeur non payé peut donc opposer à l'acheteur un autre droit que la revendication, à savoir, le droit de rétention. Déjà, sous l'empire du Code de 1808, et bien que la loi fût muette à ce sujet, on accordait ce droit au vendeur selon les principes du droit commun et d'après les articles 1612 et 1613 du Code civil, dont voici l'énoncé : « Le vendeur n'est pas tenu de délivrer la chose si l'acheteur n'en paye pas le prix, et que le vendeur ne lui ait pas accordé un terme pour le payement. » Il ne sera pas non plus obligé à la délivrance, quand même il aurait accordé un terme pour le payement, si, depuis la vente, l'acheteur est tombé en faillite ou en déconfiture, en sorte que le vendeur se trouve en danger imminent de perdre le prix, à moins que l'acheteur ne lui donne caution de payer au terme. » — La revendication suppose un dessaisissement préalable; la rétention suppose, au contraire, qu'il n'y a pas eu dessaisissement; mais ce droit, comme la revendication, est fondé sur la résolution de la vente. De ce que l'acheteur s'est mis dans l'impossibilité de payer le prix, il résulte que, de son côté, le vendeur est recevable à tenir la vente pour nulle et non avenue. Il est bon de remarquer que ce droit de rétention est pour le vendeur d'une utilité bien plus grande que la revendication; il n'a pas à courir les risques d'une action pour être remis en possession de sa chose; il est en possession, et il a le droit d'y rester. De plus, on sait que dans la demande en revendication le vendeur doit rembourser à la faillite tous les frais faits à l'occasion des marchandises vendues; il n'en est pas de même ici. L'acheteur supporte seul les frais qu'il a pu faire en vue de la vente qu'il avait conclue. Pour l'exercice de ce droit de rétention, une condition essentielle, comme on peut le voir, c'est que les marchandises n'aient pas quitté les magasins du vendeur, qu'elles n'aient point été délivrées à l'acheteur.

Les tribunaux ont jugé toutefois que des marchandises laissées par l'acheteur dans les magasins du vendeur pour garantir à celui-ci le payement de son prix, à titre de gage en un mot, pourraient, malgré cette livraison apparente, être retenues par le vendeur; et c'est justice, car il n'y a pas de gage légalement constitué quand l'objet reste aux mains du débiteur (article 2076), et, par conséquent, il n'y a pas eu tradition. Il est sans intérêt pour l'exercice de ce droit de distinguer si la vente a été faite au comptant ou à terme; on ne saurait élever dedifficultés à ce sujet, car en admettant même que le texte de notre article se refuse à cette décision, nous trouvons dans l'art. 1613 cité plus haut un argument puissant : le vendeur ne courra jamais plus grand danger de perdre la chose et le prix que dans le cas de faillite de son acheteur.

La subrogation peut s'appliquer à ce droit du vendeur comme à tout autre, et le commissionnaire ou ses ayants-cause pourront, aux lieu et place du commettant, exercer le droit de rétention.

Examinons maintenant si la résolution de la vente, conséquence du droit de rétention, se trouve avoir lieu de plein droit. Nous ne le pensons pas. Le vendeur a un droit qui le garantit suffisamment cor[illegible] tout péril ; il retient momentanément sa ch[illegible] mais la vente subsiste, et cela est si vrai, [illegible] nous allons voir dans l'article suivant la loi reconnaître aux syndics le droit de tenir la vente pour valable, et forcer le vendeur à en exécuter les clauses. C'est donc une sûreté que l'on donne au vendeur et rien de plus. Si la loi, du reste, eût voulu que la résolution s'effectuât de plein droit, elle n'eût pas manqué de le dire expressément. Devant le silence de la loi, il ne nous est pas permis d'admettre une autre solution. Nous devons faire remarquer enfin, que dans l'hypothèse où le vendeur aurait connu, au moment de la vente, l'état de faillite de l'acheteur, ou seulement même la cessation des paiements, il ne serait pas recevable à se prévaloir de son droit de rétention, car il est allé de lui-même au devant du danger, et c'est un risque qu'il a voulu courir.

L'article 578 s'énonce ainsi : « Dans le cas prévu par les deux articles précédents et sous l'autorisation du juge-commissaire, les syndics auront la faculté d'exiger la livraison des marchandises, en payant au vendeur le prix convenu entre lui et le failli. » Cet article n'est que la reproduction de l'ancien article 582, qui contenait, dans un langage moins clair il est vrai, des dispositions analogues. Si la vente a été faite au comptant avec le failli, pour obtenir la livraison, les syndics doivent payer immédiatement la somme due ; mais s'il y a un terme stipulé, nous ne pensons pas que le bénéfice puisse en être laissé à la masse, alors même qu'on offrirait caution de payer à l'échéance, car la vente subordonne le droit des syndics d'exiger l'exécution du contrat au payement effectif.

L'article 444, en déclarant le failli déchu du bénéfice du terme, et en donnant pour effet au jugement déclaratif de rendre ses dettes exigibles, amène cette solution.

Il ne faut donc pas que le vendeur puisse, en aucune façon, bénéficier de l'événement de la faillite ; la loi n'a voulu qu'une chose, lui permettre d'échapper à une perte évidente. Si donc la masse des créanciers, représentée par les syndics, trouve le contrat avantageux, elle a le droit de maintenir la vente ; car, du moment que les syndics proposent de verser le prix de la vente, la revendication ou la rétention n'ont plus de causes. Mais ce moyen, qui appartient aux créanciers, de paralyser le droit du vendeur, ils ne peuvent l'exercer que sous l'autorisation du juge-commissaire ; ce qui est une innovation de l'art. 578 ; le contrôle est nécessaire pour que la faillite n'use pas de ce droit à la légère et sans réflexion, ou tout au moins pour qu'il ne soit pas l'objet d'un concert frauduleux entre le vendeur et les syndics.

La loi, ainsi que nous le dit l'art. 579, laisse aux syndics, sauf l'autorisation du juge-commissaire, le pouvoir d'admettre les demandes en revendication qui leur paraîtront fondées. « Les syndics pourront, avec l'approbation du juge-commissaire, admettre les demandes en revendication. S'il y a contestation, le Tribunal prononcera, après avoir entendu le juge-commissaire. » Il est toujours préférable d'éviter les procès et d'acquiescer à une demande qu'on croit juste. Mais s'il doit y avoir contestation sur la demande intentée par le vendeur, seuls les syndics ont autorité pour soutenir le procès, et c'est à eux que doivent être adressées toutes demandes en revendication. De même les tribunaux de commerce sont seuls compétents pour juger de la validité des demandes ; alors même que ce serait en vertu d'un contrat purement civil que les choses seraient revendiquées. Quant aux mesures préalables, le Code de commerce n'indique aucune forme spéciale, et les nullités que prononce le Code de procédure en matière de saisie-revendication dans les art. 827 et suivants, ne sauraient trouver leur application en cette matière. Les demandes en revendication se forment naturellement dès les premiers instants de la faillite; mais il peut arriver que la demande soit intentée avant le jugement déclaratif. Sa validité sera toutefois subordonnée à la cessation des payements suivie d'un jugement qui déclarera la faillite et en fixera l'ouverture à une époque antérieure à la revendication.

Enfin remarquons en terminant que de ce que les syndics auront acquiescé à une demande formée par un tiers revendiquant, il ne s'en suivra pas que les créanciers soient liés par cet acquiescement : ils conservent de leur chef le droit d'en contester les motifs et de faire repousser la revendication; mais à leurs risques et périls. Bien qu'ayant perdu leurs actions individuelles, les créanciers n'en ont pas moins un droit de contrôle sur les actes des syndics, leurs mandataires.

POSITIONS

DROIT ROMAIN.

I.

Dans la question des risques, en cas d'échange, il est préférable de reconnaître que Celse (l. 16 XII, 4) est en contradiction avec Paul (l. 5, p. 1, XIX, 5).

II.

C'est la qualité du fonds dominant qui a déterminé la distinction des servitudes de fonds urbains et des servitudes de fonds rustiques.

III.

Il ne faut pas douter que l'adjonction d'un fidéjusseur puisse être un moyen de novation.

IV.

La loi 24 au Digeste d'Ulpien *de pigneratitiâ actione* et la loi 46 pr. de Marcien *de solutione* sont inconciliables.

V.

Le paiement partiel d'une obligation naturelle n'emporte pas confirmation pour l'excédant.

VI.

Il ne faut pas essayer de concilier l'opinion d'Africain d'après la loi 34, liv. XVII, tit. I au Digeste et celle d'Ulpien d'après la loi 15, liv. XII, tit. I. Cette divergence est seulement un progrès de la jurisprudence romaine sur l'acquisition de la propriété et de la possession.

VII.

L'hypothèque de la chose d'autrui est consolidée quand le constituant succède au propriétaire. Il en serait autrement si le propriétaire succédait au constituant.

VIII.

En cas de *fidejussio indemnitatis* l'opinion de Paul. Loi 21, liv. XLVI, titre III et celle de Papinien, loi 116, liv. XLV, tit. I sont certainement préférables à celle de Celse, loi 42, livre XII, tit. I.

DROIT CIVIL FRANÇAIS.

I.

La règle *spoliatus ante omnia restituendus* a conservé toute sa force dans notre droit moderne, malgré l'art. 23 du Code de procédure.

II.

L'action publicienne n'existe plus dans notre législation.

III.

L'art. 2279 s'applique même dans le cas de possession à titre gratuit.

IV.

Le paiement d'une indemnité par le voleur poursuivi par action civile, n'éteint pas l'action en revendication.

V.

L'exception de garantie est indivisible.

VI.

La femme peut revendiquer son immeuble propre vendu par le mari garant, lors même qu'elle accepte la communauté.

VII.

L'héritier d'un possesseur de mauvaise foi qui a perçu de bonne foi les fruits de la chose par lui possédée fait les fruits siens.

VIII.

La bonne foi du possesseur lui permet d'acquérir les fruits lors même qu'elle repose sur une erreur de droit.

IX.

Le privilége du locateur ne s'étend pas sur les meubles qui dépassent la valeur suffisante pour assurer le paiement du loyer.

X.

La saisie revendication du vendeur d'après l'art. 2102 4°, n'est que l'exercice du droit de retention.

DROIT COMMERCIAL.

I.

Si une vente a été faite sous la condition d'un pesage ou d'un mesurage, l'acheteur pourra, après la faillite du vendeur forcer les syndics à livrer la marchandise vendue.

II.

Le porteur d'une lettre de change endossée en blanc n'a le droit de faire que contre son endosseur seul la preuve de la valeur fournie.

III.

La preuve de la valeur fournie produit contre les créanciers du failli les mêmes effets que contre le failli lui-même.

IV.

Malgré l'article 575 la revendication ne peut pas être exercée par le commettant, quand la dette de l'acheteur envers le commissionnaire a été inscrite en compte courant, alors même qu'il n'y avait pas compensation entre les deux parties.

DROIT CRIMINEL.

I.

L'expression « *même fait* » dans les articles 246, 360. Inst. crim., n'a pas le même sens.

II.

La déclaration du jury que l'accusé n'est pas coupable ne fait pas autorité de chose jugée sur l'action civile en dommages-intérêts.

III.

La légitime défense s'étend même à la conservation de la propriété.

DROIT ADMINISTRATIF.

I.

Le lit des cours d'eau non navigables ni flottables appartient à l'État.

II.

La transcription prescrite par la loi du 23 mars 1855 est nécessaire en matière d'expropriation pour cause d'utilité publique afin de rendre l'administration propriétaire *ergà omnes*.

Vu par le Doyen,
C. DEMOLOMBE.

Vu par le Président de la Thèse.
J. CAUVET.

Permis d'imprimer :
Le Recteur de l'Académie,
ALLOU.

302. — Boulogne-sur-Seine. Imprimerie JULES BOYER et Cie.

www.ingramcontent.com/pod-product-compliance
Ingram Content Group UK Ltd.
Pitfield, Milton Keynes, MK11 3LW, UK
UKHW021848190726
13855UKWH00001B/208